心理学に基づく

質問の技術

大谷佳子 著

Questioning Skills Based on Psychology

本書内容に関するお問い合わせについて

このたびは翔泳社の書籍をお買い上げいただき、誠にありがとうございます。弊社では、読者の皆様からのお問い合わせに適切に対応させていただくため、以下のガイドラインへのご協力をお願い致しております。下記項目をお読みいただき、手順に従ってお問い合わせください。

●ご質問される前に

弊社Webサイトの「正誤表」をご参照ください。これまでに判明した正誤や追加情報を掲載しています。

正誤表　https://www.shoeisha.co.jp/book/errata/

●ご質問方法

弊社Webサイトの「書籍に関するお問い合わせ」をご利用ください。

書籍に関するお問い合わせ　https://www.shoeisha.co.jp/book/qa/

インターネットをご利用でない場合は、FAXまたは郵便にて、下記"翔泳社 愛読者サービスセンター"までお問い合わせください。
電話でのご質問は、お受けしておりません。

●回答について

回答は、ご質問いただいた手段によってご返事申し上げます。ご質問の内容によっては、回答に数日ないしはそれ以上の期間を要する場合があります。

●ご質問に際してのご注意

本書の対象を超えるもの、記述個所を特定されないもの、また読者固有の環境に起因するご質問等にはお答えできませんので、予めご了承ください。

●郵便物送付先およびFAX番号

送付先住所　〒160-0006　東京都新宿区舟町5
FAX番号　　03-5362-3818
宛先　　　　（株）翔泳社 愛読者サービスセンター

※本書に記載されたURL等は予告なく変更される場合があります。
※本書の出版にあたっては正確な記述につとめましたが、著者や出版社などのいずれも、本書の内容に対してなんらかの保証をするものではなく、内容やサンプルに基づくいかなる運用結果に関してもいっさいの責任を負いません。

はじめに Prologue

「あなたは、自分の質問の癖に気づいていますか?」

この質問を、コミュニケーションやコーチングの研修で投げかけると、「質問の癖なんて、考えたこともない」と答える人がほとんどです。「そもそも意識して質問をしたことがなかった」「いつも何となく質問していた」という人も少なくありません。

質問に限らずですが、自分の癖にはなかなか気づかないものです。そこで、研修のなかで自分がよく使っている質問を振り返るワークに取り組んでもらうと、次のような質問を癖にしている人が、思いのほか多いことがわかりました。

- 「意見はありますか?」という"ありますか"質問
- 「どうして、できないの?」という"どうして／なぜ"質問
- 「やるの? やらないの?」という二択の質問
- 「どうするべきだと思う?」という"べき"質問
- 「最近、どうですか?」という漠然とした質問
- 「やる気あるの?」という回答を求めていない質問

もちろん、このような質問が100％ダメというわけではありません。質問そのものの良し悪しより大事なのは、誰に対しても、どのような場面でも、無意識のうちに同じような質問の仕方をしていないか、ということです。

研修では、1つの質問をさまざまな問いかけ方に言い換えるワークにも取り組んでもらうのですが、これが案外難しく、言い換えがまったく思い浮かばないことに自分でびっくりしてしまう人もいます。

　本書では、ワークに取り組んでいただく代わりに、つい言ってしまいがちな質問と、より適切に言い換えた質問を×〇形式で紹介しています。×の質問のなかに、「自分もよく言っているかも」と思うものがあれば、その質問の代わりに、〇の質問をぜひ会話で試してみてください。質問の仕方1つで、相手の反応がもっと良好なものに変わることが実感できるはずです。

質問は誰にでもできる？

　質問はスキルです。そして、スキルを身につけるためには、確かな技術を習得して、繰り返し実践していく必要があります。

　にもかかわらず、学校では読むことや書くことは学んでも、問うことは学習しません。せいぜい英語教育のなかで、"疑問文"のつくり方として質問の形式を学ぶくらいです。社会人になっても面接技法やコーチングなどの研修を受けない限り、質問の技術を学ぶことはないでしょう。

　実用的な質問の仕方を学ぶ機会がないのは、もしかしたら、「質問なんて誰にでもできる」と思われてしまうことが原因なのかもしれません。

確かに、質問する方法は小さな子どもでも知っています。例えば、言葉を話し始めた1～2歳頃には、物の名前を知りたがるようになり、「これ、なあに?」という質問が始まります。3歳くらいになると、さらに「なんで?」「どうして?」という質問を頻繁に繰り返すようになります。

　私たちは、知りたいことを誰かにたずねるという経験を重ねて、いつの間にか自分なりの質問の仕方を身につけているのです。このように捉えれば、「質問するという行為は誰にでもできる」と言えるのかもしれません。

質問するのに技術は必要？

　ですが、知らず知らずのうちに身につけたからこそ、自分なりの質問の仕方が適切なものであるとは限らないのです。もしかしたら無自覚なまま、相手にプレッシャーを与える質問や、相手が返答に困る質問をしているかもしれません。

　質問を技術として学ぶと、自分がこれまでに身につけた質問の仕方を振り返る機会になり、もっと効果的で、好印象になる質問の仕方を知ることができます。

　本書で紹介している質問の技術は、心理学をベースとしています。心理学の知識が、日々のコミュニケーションにおいて、大いに役立つことは言うまでもありません。それは、質問をするときも同じです。

あまり深く考えずに口にした質問と、心理学に基づく質問とでは、引き出せる情報の量・質だけでなく、相手に与える印象や影響にも大きな違いがあるのです。

その違いがイメージできるように、本書では質問例とともに、予想される回答例も示しながら解説しています。「こういう反応が相手から返ってきたらいいな」「面接などで、こんなふうにやりとりしてみたい」と思う質問があれば、すぐに実際の会話のなかで試してみましょう。

最初のうちは何となく借り物のような質問に思えても、使う回数を重ねるうちに、自然と自分のものになっていきます。実際に使ってみたものの、使い勝手がいまひとつよくなかった質問は、自分なりのアレンジを加えて再度試してみましょう。

これを繰り返すうちに、あなたにとって本当に使える質問のレパートリーが増えていきます。同時に、あなたの質問力が驚くほどアップしていることが実感できるはずです。

質問がもつ6つのチカラ

質問というと、疑問を解消したり、情報を収集したりするための手段と思われがちですが、質問がもつチカラはそれだけではありません。

質問を上手に活用すると、コミュニケーションや人間関係にどのような変化が起こるのかを、本書では6つのチカラに整理してみました。

❶ **情報収集するチカラ**
❷ **確認するチカラ**
❸ **人間関係をつくるチカラ**
❹ **会話を豊かにするチカラ**
❺ **思考を深めるチカラ**
❻ **気づきをもたらすチカラ**

　この6つのチカラについて、次ページから1つずつ、会話例とともに詳しく説明します。それぞれの質問のチカラによって、日常の会話、仕事における面接・面談や会議、部下・後輩の指導育成などの場面で期待できる効果を確認しましょう。

❶ 情報を収集するチカラ

> 質問例：その資料はどこで手に入りますか？
> 回答例：〇〇のホームページからダウンロードできますよ

　このように質問には、相手から情報を引き出すチカラがあります。自分がわからないことは、それを知っている人に質問をすれば、答えを教えてもらったり、求めていた情報を提供してもらったりすることができます。

> 質問例：あなたが、一番大切にしていることは何ですか？
> 回答例：それは、〇〇です

　人間関係においては、このように相手に自己開示を促す質問を投げかけることで、相手への理解を深めることができます。特に、相手が何を考え、どのような思いを抱いているのかは、質問をして答えてもらわなければ知ることはできません。

質問することで期待できる効果
- 自分の疑問点を解消できる
- 自分が求めている情報が得られる
- 相手のことを知ることができる

❷ 確認するチカラ

> 質問例：それでは、○○ということでよろしいでしょうか。
> 回答例：はい

　このように相手に何かを確認したいときにも、質問は有効な手段です。はっきりとした意思表示がない相手には、「はい」あるいは「いいえ」で答えてもらう質問をすると、相手の意思を明確にすることができます。

> 質問例：ここまでの説明で、確認したいことはございますか？
> 回答例：いいえ、今のところ大丈夫です

　また、自分が何かを説明したあと、このような質問をすることで、相手側の疑問点の有無を知ることもできます。自分では上手く説明したつもりでも、その内容が相手に正確に伝わったかどうかは、本人に確認してみなければわかりません。

質問することで期待できる効果
- 相手の意思を確認できる
- 相手側の疑問点の有無がわかる

❸ 人間関係をつくるチカラ

　質問は、相手との良好な関係づくりにもチカラを発揮します。なぜなら、質問するという行為が、「あなたの話をもっと聴きたい」という意思を示して、相手への肯定的な関心を伝えるからです。

> 質問例：それから、どうしたのですか？
> 回答例：なんとか間に合うように、みんなでがんばりました
> 質問例：みんな、というのはチームの皆さんのことですか？
> 回答例：そうです、チーム全員で取り組みました

　このように上手に質問を投げかけながら会話をすると、相手は話しやすさを感じます。自然とコミュニケーションが促進されて、お互いの心の距離が近づき、良好な関係を形成することができるのです。

　それに加えて、相手の発言を正確に理解しようとする質問は、丁寧に話を聴いている印象を与えるので、相手から信頼されやすくなります。

質問することで期待できる効果
- ✓ コミュニケーションが促進される
- ✓ 良好な関係が形成できる
- ✓ 信頼関係を構築できる

❹ 会話を豊かにするチカラ

　質問には、会話を豊かにするチカラもあります。「話題がすぐに途切れてしまう」「会話が弾まない」という人は、上手に話す技術がないことにその原因を求めがちですが、会話に対する苦手意識は質問のチカラを活用することで解消できます。

> **質問例**：今、一番ハマっていることは何ですか？
> **回答例**：○○集めです。種類が多いので大変なんですけどね
> **質問例**：種類が多いのですね。どのくらいあるのですか？
> **回答例**：なんと、100種類以上もあるんです

　このように相手から話を引き出しながら会話をすると、話題に困らなくなり、今よりもっと自然体で気負わず会話ができるようになります。

　相手の話に沿って5W1Hの質問をしたり、具体的に話を掘り下げていく質問をしたりすると、自然と会話が弾み、相手の満足度も高まります。

質問することで期待できる効果

- ☑ 話題に困ることがなくなる
- ☑ 会話が弾むようになる
- ☑ 相手の満足度の高い会話ができる

❺ 思考を深めるチカラ

　私たちは問われると、答えたくなる傾向があります。例えば、読んでいる本のなかに、「あなたは今、ストレスを感じていますか?」という質問をみつけたとき、思わず「はい、とっても」などと答えを口にしてしまうことがあります。声に出すことはなくても、「ストレス？　気にしていなかったけど、どうかなあ」などと、その回答を頭のなかで考え始めることもあるでしょう。

　1つの質問が、今まで気にも留めていなかったことを考えるきっかけになることがあります。さらに質問を上手に重ねていくことで、思考を広げたり深めたりすることもできるのです。このような質問のチカラを活用したのが、人材育成の手法でもあるコーチングです。

> 質問例：あなただったら、どうしますか？
> 回答例：う〜ん、私なら〇〇すると思います

　このようにコーチングでは、相手に思考を促す質問を投げかけて、本人が自分で答えを見つけられるように支援するのです。

質問することで期待できる効果
- 考え始めるきっかけを提供できる
- 思考を広げたり深めたりできる
- 自分で答えを見つけることにつながる

❻ 気づきをもたらすチカラ

　質問には、気づきをもたらすチカラもあります。気づきとは、「あっ、そうか!」という直観的なひらめきや、「なるほど、そういうことか!」のような腑に落ちた感覚とともに、何かに気づいた状態を意味します。

　今まで思いつかなかったことや、見過ごしていたことに気づくと、視野が広がり、新しい発想ができるようになります。それによって、新たな自分の一面を発見することもあるでしょう。

> 質問例：成功したときは、何がいつもと違っていましたか?
> 回答例：ん〜、あっ!　○○したから成功したのかも

　このように自分で気づいたことには、誰かから言われたことより深い納得と理解が得られます。それに加えて、気づくという体験には、驚きや喜び、達成感も伴います。だからこそ、主体的に気づいたことは記憶に強く刻まれ、その人の考え方や行動に大きな影響を与えるのです。

質問することで期待できる効果
- 視野が広がり、新しい発想ができる
- 新たな自分を発見するチャンスになる
- 相手の考え方や行動に影響を与える

本書のオススメの使い方

本書は、どのページからでも自由に読むことができますが、お勧めしたい活用方法を3つご紹介します。

活用方法1　はじめから通して読む

質問の技術を基本からしっかり学びたい人には、この方法がイチオシです。本書の章に沿って読み進めていくことで、着実に質問の技術を身につけることができます。

- ▶ Chapter1　自分が癖にしている質問を振り返り、もっと適切で好印象になる質問に言い換えることから始めます。
- ▶ Chapter2　基本的な質問形式をブラッシュアップします。
- ▶ Chapter3　カウンセリングや心理療法などの質問技法を応用した技あり質問でスキルアップを目指します。
- ▶ Chapter4　総仕上げとして、質問すると上手くいくコミュニケーションを12の場面で整理します。
- ▶ Chapter5　最後に、質問するときに心がけたい7つのポイントを確認します。

活用方法2　目次ページを活用する

すぐに効果を実感したい人にお勧めしたいのが、目次ページを活用した方法です。本書の目次には、各ページのタイトルとともに、そのページで取り上げている×の質問を記載しています。「えっ、これってダメなの?」と思った質問や、「これを言

い換えるとしたら?」と気になった質問のページを開いて、◯の質問を確認してみましょう。

　あとは実践あるのみです。すぐに実際の会話で試してみることで、言い換えた質問の効果を実感してください。

活用方法3　**アイコンを目印に読む**

　質問がもつチカラのなかで、特に注目している効果があれば、各ページについているアイコンを活用した方法をお勧めします。

　本書の1〜4章には、そのページで取り上げている質問のチカラがひと目でわかるように6つのアイコンを示しています。例えば、【人間関係】のアイコンを目印にして読み進めていくと、人間関係を良好にする質問を効率的よく知ることができます。

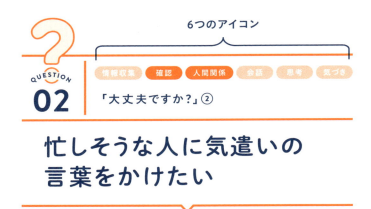

Contents

はじめに　3

Chapter 1
まずはここから！
質問の癖を見直そう

「大丈夫ですか？」

QUESTION			
01	心配事を確認したい	❌ 準備は大丈夫ですか？	26
02	忙しそうな人に気遣いの言葉をかけたい	❌ 大変そうだね。大丈夫？	28

「○○はありますか？」

03	わからないことがないか確認したい	❌ 質問はありますか？	30
04	トラブルがないか確認したい	❌ 問題でもあるのですか？	32

「ちゃんと○○しましたか？」

05	適切にできたか確認したい	❌ 先方に、ちゃんと説明しましたか？	34
06	チャレンジした手応えを聞きたい	❌ ちゃんとできた？	36

「わかりましたか?」

07 | 説明が理解できたか確かめたい　❌ ここまで、わかりましたか? ……→ 38

08 | 言いたいことが伝わったか知りたい　❌ 言っている意味わかりますか? ……→ 40

「がんばっていますか?」

09 | 仕事の話題を振る　❌ お仕事、がんばっていますか? ……→ 42

10 | 勉強の話題を振る　❌ 勉強がんばってる? ……→ 44

「やりますか? やりませんか?」

11 | 意思を引き出したい　❌ やるの? やらないの? どっち? ……→ 46

12 | 意見を聞きたい　❌ それについては賛成? それとも反対? ……→ 48

「どうするべきだと思いますか?」

13 | 個人的な考えを聞きたい　❌ どうするべきだと思いますか? ……→ 50

14 | 行動を振り返ってもらう　❌ 何をすべきだった? ……→ 52

「なぜ?」「どうして?」

15 | 失敗の原因をたずねる　❌ どうして、失敗したのですか? ……→ 54

16 | 行動の理由をたずねる　❌ なんで、そんなことしたの? ……→ 56

　　使える質問フレーズ集 1　原因・理由をたずねる質問 ……→ 58

ノーアンサー・クエスチョン

17 | 意欲があるか知りたい　❌ やる気はありますか? ……→ 60

18 | 作業が滞っている人に言葉をかける　❌ いつまでやっているの? ……→ 62

Chapter 2

押さえておきたい！ 基本の質問

クローズド・クエスチョン

QUESTION				
19	挨拶で緊張をほぐしたい	❌ こんにちは		66
20	雑談で話題に困ったとき	❌ そういえば、最近忙しくて大変なんですよ		68

選択肢つきクローズド・クエスチョン

21	テンポよく会話を進める	❌ 次回の面談はどうしますか？	70
22	速やかに希望を聞き出す	❌ 飲み物は何がいい？	72

オープン・クエスチョン

23	話に関心を示す	❌ ふ〜ん、そうですか	74

使える質問フレーズ集 2　5W1Hを使ったオープン・クエスチョン … 76

24	感想を引き出す	❌ 楽しかった？	78

前置きつきオープン・クエスチョン

25	近況をたずねる	❌ 最近はどうですか？	80
26	目標をたずねる	❌ あなたの目標は何ですか？	82

肯定質問

27 | 期日に遅れそうな報告を受けたとき ❌ どうして、間に合わないのですか？ ……▶ 84

28 | 「説明がよくわかりません」と相手に言われたとき ❌ 何がわからないのですか？ ……▶ 86

　　　使える質問フレーズ集 3　肯定質問 ……▶ 88

未来質問

29 | 事後報告されたとき ❌ なぜ、もっと早く報告できなかったのですか？ ……▶ 90

30 | 計画通りに進んでいないとき ❌ 今まで、何をしていたのですか？ ……▶ 92

　　　使える質問フレーズ集 4　未来質問 ……▶ 94

Chapter

3

使ってみたい！ 技あり質問

スケーリング・クエスチョン

31 | 自信のほどを知りたい ❌ 自信はどれくらいありますか？ ……▶ 98

32 | 進捗状況を確認したい ❌ どれくらい進んだ？ ……▶ 100

　　　使える質問フレーズ集 5　スケーリング・クエスチョン ……▶ 102

仮定の質問

33 アイデアを求める　❌ 何かよいアイデアはありませんか？ ……→ 104

34 やりたいことをたずねる　❌ あなたのやりたいことは何ですか？ ……→ 106

チャンクダウンする質問

35 発言のなかの抽象的な言葉を明確にしたい　❌「コミュニケーションがとれていない」って、コミュニケーション不足ってことですか？ ……→ 108

36 気後れして行動できない人を励ましたい　❌ やってみなければ何も始まらないでしょ？ ……→ 110

　　　使える質問フレーズ集6　チャンクダウンする質問 ……→ 112

例外探しの質問

37 相手が望ましくない行動を繰り返すとき　❌ いつも遅れるのは、どうしてですか？ ……→ 114

38 人前であがってしまう人の相談にのる　❌ 人前で緊張することはよくあるのですか？ ……→ 116

コーピング・クエスチョン

39 困難を経験した人に言葉をかける　❌ そんな経験をするなんて、大変だったでしょう？ ……→ 118

40 相手をやる気にさせる　❌ あなたもやればできるはずです ……→ 120

　　　使える質問フレーズ集7　自己効力感を高める質問 ……→ 122
　　　使える質問フレーズ集8　コーピング・クエスチョン ……→ 123

ディソシエートする質問

41 多角的に考えることを促したい　❌ あなたなら、どうしますか？ ……→ 124

| 42 | 客観的に自分を観察してほしい | ✗ 今の自分をどう思う？ | 126 |

使える質問フレーズ集 9　ディソシエートする質問　128

メタファー質問

| 43 | わかるように説明してほしい | ✗ 「その場の雰囲気がよくない」って、どうよくなかったの？ | 130 |
| 44 | 相手とイメージを共有したい | ✗ その担当者は、どんな感じの人でしたか？ | 132 |

リフレーミング質問

| 45 | 否定的な自己評価をする人に言葉をかける | ✗ そんなことはありませんよ | 134 |
| 46 | 思いがけない経験も糧にしてほしい | ✗ この経験は、よい学びになりましたね？ | 136 |

使える質問フレーズ集 10　リフレーミング質問　138

Chapter 4

質問すると上手くいく！12のコミュニケーション

教えないで気づかせる方法

METHOD 01 | ヒントになる質問をする　✗ そのままではダメでしょ　140

受け入れやすくなる指示の方法

02｜指示は依頼形で伝える ❌ 絶対に自分一人で判断しないでください ･･･→ 142

効果的なアドバイスの方法

03｜選択肢+発問で助言する ❌ そういうときは、はっきり断ればいいんだよ ･･･→ 144

歩み寄るためのアサーション

04｜発言を促す質問をする ❌ それをするのは難しいです。ご理解いただけませんか？ ･･･→ 146

頼みごとをするときに相手をイラっとさせない方法

05｜語尾に困ったら質問する ❌ これをお願いしたいのですが…… ･･･→ 148

双方向のフィードバック

06｜行動の意図を問いかける ❌ そのような行動は、すぐ改めたほうがいいですね ･･･→ 150

本当のやる気を引き出す方法

07｜心が動く質問をする ❌ 始めたからには、最後までしっかりがんばって ･･･→ 152

自尊心に働きかけるアクノレッジメント

08｜"教えてほしい"質問をする ❌ すごいですね ･･･→ 154

　　使える質問フレーズ集 11　内発的動機づけにつながる質問 ･･･→ 156
　　使える質問フレーズ集 12　承認する質問 ･･･→ 157

アンコンシャス・バイアスへの対策

09｜質問して思い違いを防ぐ ❌ そんなこと言われたら、誰だってムカつくよね ･･･→ 158

最適解を導き出す論理的帰結

10 質問で意思決定を支援する　❌ A社とB社なら、絶対にA社がいいよ　……… 160

　　使える質問フレーズ集 13　意思決定をサポートする質問　……… 162

成長につながるリフレクション

11 振り返り質問が学びを促す　❌ 次は、同じ失敗をしないようにしてくださいね　……… 164

セルフ・クエスチョンの潜在能力

12 自分への問いかけ方が思考を方向づける　❌ なんで、未経験者の私にそんなことをさせるのかな？　……… 166

Chapter 5

質問力を高める！ 7つのポイント

POINT

1 ｜ 質問は一度に1つ　……… 170

2 ｜ 質問は短く、シンプルに　……… 172

3 ｜ 質問は具体的に　……… 174

4 ｜ 答えたくなる一言をプラス　……… 176

5 ｜ 予備知識でレベルアップ　……… 178

6 ｜ 相手の考える時間を保証する　……… 180

7 ｜ 訊いたら、聴く　……… 182

聴き方チェックリスト ……………………………………………… 184
聴き方チェックリスト (対策) ……………………………………… 186

おわりに　188

心理学キーワード

誤前提暗示 …………………… 47	メタファー …………………… 131
べき思考 ……………………… 53	リフレーミング ……………… 135
ノーアンサー・クエスチョン … 61	発問 …………………………… 145
クローズド・クエスチョン …… 67	アサーション ………………… 147
二者択一の質問 ………………… 71	ポジティブ・フィードバック …151
特定質問と拡大質問 …………… 73	内発的動機づけ ……………… 153
オープン・クエスチョン ……… 75	アクノレッジメント（承認） …155
肯定質問と否定質問 …………… 85	アンコンシャス・バイアス
未来質問 ……………………… 91	（無意識のバイアス）………… 159
過去質問 ……………………… 93	論理的帰結 …………………… 161
スケーリング・クエスチョン … 99	リフレクション（省察）……… 165
チャンクダウンする質問 …… 109	セルフ・クエスチョン ……… 167
例外探しの質問 ……………… 115	ダブルバーレル質問 ………… 171
解決志向アプローチ ………… 117	先入観と確証バイアス ……… 179
コーピング・クエスチョン … 119	ブロッキング ………………… 185
ディソシエートとアソシエート …125	

Chapter 1

まずはここから!
質問の癖を見直そう

> 日常の会話でよく使われがちな質問には、
> 問われた人がプレッシャーに感じてしまう質問や、
> 返答に困ってしまう質問が意外とあります。
> そのような質問を、知らず知らずのうちに使っていませんか?
> 癖になっている言い回しがあれば、
> もっと好印象になる質問に言い換えることから始めてみましょう。

QUESTION 01

情報収集　確認　人間関係　会話　思考　気づき

「大丈夫ですか？」①

心配事を確認したい

 準備は大丈夫ですか？

はい、大丈夫です

 準備はどこまで進んでいますか？

あと最終確認するだけです

知りたいことを明確にする

「準備は大丈夫ですか?」は、何を知りたいのかがわかりにくい質問です。準備が予定通りに進んでいることを知りたいのか、それとも問題や不都合が生じていないことを確認したいのかが明確ではありません。

漠然とした質問には、相手も漠然とした回答をしがちです。「大丈夫ですか?」と問われた相手が「はい、大丈夫です」と答えても、その回答が意味することは不明瞭なままになってしまいます。

そこで、「準備はどこまで進んでいますか?」「準備は今どの段階ですか?」などと知りたいことを言葉にして質問してみましょう。何を知りたいのかが明確になると、相手の回答もおのずと具体的なものになります。

もっと詳しく！

▶▶▶ プレッシャーを与える「大丈夫?」

「どこまで進んでいる?」などとたずねるより、「大丈夫?」と質問したほうが手っ取り早くていいと思うかもしれません。ところが、「大丈夫?」という質問は、「もちろん大丈夫だよね?」「予定通りに進んでいるよね?」と相手にプレッシャーをかける言葉にも聞こえます。そのため、実際には大丈夫とは言えない状況であっても、相手は「大丈夫です」と答えてしまうこともあるのです。

QUESTION 02

情報収集 確認 人間関係 会話 思考 気づき

「大丈夫ですか?」②

忙しそうな人に気遣いの言葉をかけたい

 大変そうだね。大丈夫?

うん、大丈夫……

 大変そうだね。
そっちは私がやっておこうか?

ありがとう。
そうしてもらえると助かる

できることを推測して提案する

「大変そうだけど、大丈夫?」と質問すると、とっさに「大丈夫」と返事をしてしまう人は少なくありません。

相手との関係性にもよりますが、「大丈夫?」と声をかけてくれた人に、「大丈夫じゃない」とは答えにくいものです。本当は困っていても、他人に迷惑や心配をかけたくないという気持ちから、大丈夫なフリをしてしまうこともあるでしょう。

そこで、「そっちは私がやっておこうか?」と具体的な提案をしてみましょう。少しでも相手の負担が軽減できるように、自分に何ができるのかを推測して問いかけるとよいでしょう。

言葉かけのバリエーションを増やす

相手が忙しそうなときだけでなく、困っているときや具合が悪そうなとき、あるいは悩みを抱えているときにも、ついつい「大丈夫?」と声をかけてしまいがちです。相手を気遣ったつもりでも、いつも「大丈夫?」と声をかけるだけでは月並みな印象を与えてしまうでしょう。

例えば、相手が悩みを抱えているときは、「大丈夫?」より「何があったの? よかったら、話を聴かせて」という言葉のほうが、相手の心に届くはずです。

QUESTION 03

情報収集　確認　人間関係　会話　思考　気づき

「○○はありますか？」①

わからないことがないか確認したい

✕ 質問はありますか？

いいえ、特にありません

○ 確認しておきたいことがあれば、教えてください

あの……たいしたことではないのですが、この資料にある記号は何を意味しているのですか

発言するハードルを下げる

「質問はありますか?」は、何かを伝達したり、説明したりしたあとによく使われる問いかけです。質問の有無を「はい」か「いいえ」で回答してもらうシンプルな方法ですが、この問いに対する「いいえ」「特にありません」という回答には注意が必要です。

なぜなら、「いいえ」と回答する人のなかには、すべて理解できた人だけでなく、わかったこととわかっていないことが整理できていない人も含まれているからです。頭のなかが混乱したままでは、何を質問したらよいかもわからないでしょう。

そこで、どんなことでも気軽に発言できるように、「確認しておきたいことがあれば、教えてください」と声をかけます。質問といえば、最後に「?」をつける形式のみをイメージしがちですが、「教えてください」「聞かせてください」などの言葉にも、相手の発言を促す効果があります。

QUESTION 04

情報収集　確認　人間関係　会話　思考　気づき

「○○はありますか?」②

トラブルがないか確認したい

問題でもあるのですか?

いえ、特に
(問題というほどのことではないし……)

どうしたのですか?

実は、先方からまだお返事が
なくて少し気になっています

シロクロはっきりさせようとしない

「〇〇はありますか?」は、あるか、ないかを特定しようとする質問です。そのため、シロクロはっきりさせるのが苦手な人、あるいは、はっきりさせることが難しい状態にある人は、明確に回答できず、困ってしまうことがあります。

特に「問題でもあるのですか?」とたずねると、"問題"という表現が大ごとのように聞こえてしまい、「いえ、特に」と言葉を濁してしまう人も少なくありません。

そこで、問題の有無をたずねるのではなく、「どうしたのですか?」と相手に自由に答えてもらう質問をしてみましょう。「何か気になっていることがあれば教えて」のように、答えやすくなるような表現を使って言葉をかけるのもよい方法です。

もっと詳しく!

▶▶▶ 「〇〇するつもりはありますか?」

「〇〇するつもりはありますか?」は、相手の意思を確認したいときに用いる質問ですが、使い方によっては、相手を抑え込もうとする言葉に聞こえてしまうこともあります。

例えば、「なんでいつもやらないのですか? やるつもりはありますか?」と質問すると、「はい、あります」と回答するしかない雰囲気をつくってしまいます。あるか、ないかを特定しようとするより、「どのようにしたいと考えていますか?」と問いかけるほうが、自発的な発言を引き出すことができます。

QUESTION 05

情報収集　確認　人間関係　会話　思考　気づき

「ちゃんと○○しましたか？」①

適切にできたか確認したい

×　先方に、ちゃんと説明しましたか？

はい、一応……

○　先方に、どのように説明しましたか？

資料に沿って、1つずつ順番に説明しました。最後に不明な点がないかも確認しました

"ちゃんと"とは、どのような状態?

「ちゃんと説明しましたか?」は、あまり意味のない質問です。なぜなら、"ちゃんと"がどのような状態を指すのかが漠然としたままでは、「はい、一応」と相手が答えても、その回答が何を意味するのかわからないからです。

このような会話からは、具体的な情報は何も得られません。それどころか、「はい、一応」という回答を聞いて安心してしまうと、あとから思わぬトラブルに発展してしまうこともあります。そのときになって、"ちゃんと"説明できていなかったことに気づくのでは後の祭りです。

状況を具体的に話してもらう質問をする

そこで、"ちゃんと"説明できたかどうかを知りたいときは、「先方に、どのように説明しましたか?」と質問してみましょう。本人の主観的な判断だけに頼らず、そのときの状況を具体的に話してもらうことが必要です。

さらに、「説明したあと、先方の反応はどうでしたか?」「説明した内容について、どのような質問がありましたか?」などと、説明を受けた側の反応をたずねてみるのもよいでしょう。これらの情報に基づいて、客観的に確認をすることが大切です。

QUESTION 06

情報収集 / 確認 / 人間関係 / 会話 / 思考 / 気づき

「ちゃんと○○しましたか?」②

チャレンジした手応えを聞きたい

✗ ちゃんとできた?

うん

○ どうだった?

思っていた以上に難しかったけど、ベストは尽くせたかな

答え方を相手に委ねてみる

「ちゃんとできた?」とたずねられたときに、それがどのような状態を意味しているのかは受け取る人によって異なります。質問する側は「上手くできた?」という意味で「ちゃんとできた?」とたずねても、問われた側は「とりあえずできた」という意味で「うん」と答えているのかもしれません。

質問に含める言葉が曖昧だったり、漠然としていたりすると、思わぬ誤解を招くことがあります。そこで、ちゃんとできたかどうかではなく、シンプルに「どうだった?」と質問してみましょう。どのような内容を、どのように答えるのかを相手に委ねると、自由に語ってもらうことができます。

相手の手応えを知りたいときは、「どのくらい達成できた?」「満足度はどのくらい?」「自己評価するなら何点?」などと問いかけてみるのもよいでしょう。自信のほどをたずねる質問については、p.99で詳しく紹介しています。

QUESTION 07

情報収集　確認　人間関係　会話　思考　気づき

「わかりましたか？」①

説明が理解できたか確かめたい

ここまで、わかりましたか？

ええ、一応……
（正直に「いいえ」とは言えない）

ここまでで、わかりにくいと思ったのはどこですか？

最後の部分について、もう一度説明してもらってもいいですか

"わかったこと"を前提にしない

説明したあとに、相手が理解できたか確認したいとき、つい使ってしまうのが、「わかりましたか?」という問いかけです。わかったときは「はい」、わからなかったときは「いいえ」と回答してもらうための質問ですが、実際には「はい」という答えが返ってくることが圧倒的に多いでしょう。

その理由は、「わかりましたか?」が、理解できたことを前提として、それを確認しているような質問だからです。この質問に対して「いいえ」と答えようものなら「えっ? わかってなかったの?」と言われそうな気がして、わからないことがあっても「ええ、一応」と歯切れの悪い回答をしてしまうのです。

"わからないこと"を質問してみる

そこで、問いかける前提を変えてみましょう。わからないことがあるのは当然のこととして、「ここまでで、わからないところはどこですか?」と質問するほうが相手に余計なプレッシャーを与えません。

さらに答えやすさをアップさせるためには、ストレートに「わからないところは?」とたずねるより、「わかりにくいと思ったところは?」「気になったところは?」「不安を感じたところは?」などと表現を工夫して質問するとよいでしょう。

QUESTION 08 | 情報収集 確認 人間関係 会話 思考 気づき
「わかりましたか？」②

言いたいことが伝わったか知りたい

✕ 言っている意味わかりますか？

……
（プレッシャーを感じる）

○ 私の話をどのように理解しましたか？

私は○○ということだと理解しました

プレッシャーを与える2つの要素

「言っている意味わかりますか?」は、額面通りに受け取れば、「私の言いたいことを理解してもらえましたか?」という確認を目的とした質問です。ところが、この質問を投げかけられた相手は、自分が見下されているような不快な気持ちになったり、威圧されたような感覚を覚えたりすることもあります。

それは、どうしてでしょうか。理由として、考えられることが2つあります。1つは、「意味がわかるか」という問いかけ自体が上から目線の印象を与えやすいこと。そして、もう1つは、この質問には「私の言っている意味は当然わかりますよね」と理解を強要するニュアンスが含まれていることです。

理解したことを自分の言葉で話してもらう

言いたかったことや話の趣旨が、相手に正しく伝わったかどうか知りたいときは、確認の仕方を工夫してみましょう。ポイントは、相手が理解したことを教えてもらうように問いかけることです。

例えば、「正しく伝えられたかどうか気になるので、確認してもよろしいですか?」と前置きを入れてから、「私の話をどのように理解しましたか?」と問いかけて、相手にその内容を答えてもらうとよいでしょう。

QUESTION 09

情報収集　確認　人間関係　会話　思考　気づき

「がんばっていますか？」①

仕事の話題を振る

 お仕事、がんばっていますか？

あ、はい

 今、一番力を入れているのはどのようなお仕事ですか？

そうですね、今は○○に取り組んでいます

「がんばっていますか?」では話題が広がらない

　挨拶代わりの「がんばっていますか?」に対しては、「はい」と答えることが社交辞令の定番です。ところが、この質問から会話を発展させようとすると、話題を広げていくことが難しくなります。なぜなら、相手の返事が「はい」の一言で終わることが多く、ここで会話が途切れてしまうからです。

　「会話が続かない」「話が盛り上がらない」という悩みのある人は、質問の仕方にその原因があるかもしれません。そこで、社交辞令で終わらない会話をするためには、答えが一言ではなく文章で返ってくる質問をしてみましょう。

相手が話題を選べるように質問をする

　自分から話題を提供しなくても、相手が話したいと思うことを引き出す質問をすると、会話が弾みやすくなります。

　例えば、「今、一番力を入れているのは、どのようなお仕事ですか?」という質問をすると、相手は話したいと思う話題を選んで回答することができます。どのように、何をがんばっているのかを本人に語ってもらうことで、会話を深めることも可能になります。

QUESTION 10 　情報収集　確認　人間関係　会話　思考　気づき

「がんばっていますか？」②

勉強の話題を振る

✕ 勉強がんばってる？

はい

○ 一番好きな科目は何？
どういうところが楽しい？

一番好きなのは心理学です。カウンセリングに関心があるので、面接技法は勉強していて楽しいです

ポジティブな気持ちになれる言葉を盛り込む

　勉強を話題にするときに、「がんばってる?」という質問から会話を始めると、相手は少し身構えてしまうかもしれません。最初にこの質問をすると、しばらくは相手の努力に関する話題が続くことになりそうだからです。

　相手にリラックスして会話に参加してもらいたいときは、ポジティブな気持ちになれる質問をしてみましょう。例えば「一番好きな科目は何?」のように、「好き」「楽しい」「興味がある」などのポジティブな言葉を盛り込んだ質問をすると、相手は身構えずに答えることができます。

　さらに「どういうところが楽しい?」「興味をもったきっかけは何だったの?」などと自由に答えられる質問を重ねていくと、会話はどんどん広がっていきます。

QUESTION 11

情報収集 確認 人間関係 会話 思考 気づき

「やりますか？ やりませんか？」①

意思を引き出したい

 やるの？ やらないの？ どっち？

じゃあ、やります

○ あなたはどうしたい？

これが終わってからやりたいです

あえて選択肢を提示しない

「やるの？ やらないの?」は選択肢を提示することで、相手の回答を限定してしまう質問です。問いかけられた相手は、必ずどちらかを選ばなければならないような気持ちになり、他の選択肢を考えることをやめてしまうでしょう。このような傾向を活用したテクニックが誤前提暗示です。

相手の意思を引き出したいときは、あえて選択肢を提示しない質問をするとよいでしょう。「あなたはどうしたい?」と問いかけることで、やる・やらない以外の選択肢や、状況に応じた折衷案が出てくるかもしれません。

 心理学キーワード

誤前提暗示

「Aにしますか？ それともBにしますか?」とたずねられると、私たちはAかBのどちらかを選ぼうとします。しかし、選択肢は本当に2つだけなのでしょうか。

本当はほかに選択肢があっても、私たちは与えられた選択肢のなかから選んでしまう傾向があります。この傾向を応用して、選んでほしい選択肢のみを提示するテクニックを誤前提暗示と言います。

例えば、「今すぐやりますか？ それとも、あとでやりますか?」は、いずれの選択肢もやることが前提になっていますが、本当は「やらない」という選択肢もあるはずです。二者択一の質問は相手をコントロールしてしまう危険も伴うため、選択肢の選定には注意が必要です。

47

QUESTION 12

情報収集 確認 人間関係 会話 思考 気づき

「やりますか？ やりませんか？」②

意見を聞きたい

それについては賛成？
それとも反対？

えっと……
（賛成でも、反対でもないんだけど）

それについて、
どう考えますか？

気になることがあって、まだ迷っています

二択の質問で回答を限定しない

「A？ それともB？」という二者択一の質問は、情報を効率よく収集するときに有効です。回答する範囲がAかBに限定されるため、問われた相手はどちらか1つを選んで、すぐに回答することができます。

ところが、「それについては賛成？ それとも反対？」というような二者択一の質問に対しては、相手がすぐに回答できるとは限りません。自分の意見がAでもBでもない人や、どちらかを決めかねている人にとっては、返事のしづらい質問でしかないからです。

回答の自由度が高い質問をする

迷っている相手に、賛成か反対のどちらかで答えることを迫ってしまうと、「じゃあ、賛成します」「賛成でいいです」などと、回答が投げやりなものになりがちです。

そこで、相手の意見や意向を聞きたいときは、回答する範囲を限定しない質問をします。例えば、「それについて、どう考えますか？」と問いかけてみましょう。回答の自由度が高い質問をすると、賛成でも反対でもない意見を聞くことができるかもしれません。

QUESTION 13

情報収集　確認　人間関係　会話　思考　気づき

「どうするべきだと思いますか?」①

個人的な考えを聞きたい

❌ どうするべきだと思いますか?

> 一度やると決めたことは、最後までやり遂げるべきだと考えます

⭕ ○○さんは、どうしたいと思いますか?

> 一度やると決めたことであっても、見直す必要があると思ったときは計画を修正したいです

"べき"をつけると正解を答えたくなる

相手の意見を求めるときに、"べき"という言葉を使わないように注意しましょう。"べき"は当然であることや適当であること、あるいは義務であることを相手にイメージさせてしまう言葉だからです。

例えば、「どうするべきだと思いますか?」と問いかけると、相手は自分の意見ではなく、正解を言わなくてはいけないという気持ちになります。相手の意識が「どのように答えるべきか」に向いてしまい、その人自身の考えではなく、社会的に容認されそうな答えを探してしまうのです。

「どうしたい?」と問いかけて思考を促す

そこで、本人の考えを聞きたいときは、"べき"をつけずに質問します。「どうしたいと思いますか?」のほかにも、「何ができると考えますか?」「どうすればよいと思いますか?」などと問いかけるのもよいでしょう。

さらに、「○○さんは」と相手の名前を質問の主語にしたり、「あなたなら」などの言葉をプラスしたりすると、求めているのは個人的な意見であり、正論や模範解答ではないということが相手にダイレクトに伝わります。

QUESTION 14

情報収集　確認　人間関係　会話　思考　気づき

「どうするべきだと思いますか？」②

行動を振り返ってもらう

✕ 何をすべきだった？

えっと……

○ 何をしたらよかったと思う？

誰かに相談していたら、もっと早く気づくことができたかも

「したらよかったこと」に言い換える

「何をすべきだった?」と問われると、それだけで相手は批判されているような気持ちになります。それは、"べき"という言葉を使った瞬間に、質問に評価的なニュアンスが加わるからです。問われた相手は、「しなくてはいけなかったことを、あなたはしていなかった」と言われたように感じてしまうのです。

そこで、行動を振り返ってもらうときは、「何をしたらよかったと思う?」と問いかけてみましょう。この質問は、相手に振り返りを促すと同時に、次につながる行動を考える機会を提供します。このように問いかける表現を少し変えてみると、いつもと違った回答が引き出せるかもしれません。

 心理学キーワード

べき思考

べき思考とは「こうするべき」「こうあるべき」などと考える思考のことです。「こうするべき」と考えること自体に問題はありませんが、「こうしなければならない」と強く考えるようになると、その思考が自分自身や相手を支配してしまうことがあります。

べき思考をしやすい人は、誰かに質問するときにも"べき"という言葉を使う傾向があるので留意しましょう。

QUESTION 15

情報収集　確認　人間関係　会話　思考　気づき

「なぜ?」「どうして?」①

失敗の原因をたずねる

❌ どうして、失敗したのですか?

すみません
(失敗したから、怒られちゃった)

⭕ 原因として思い当たるのは、どのようなことですか?

人任せにして自分で確認しなかったことが原因だと思います

誤解を与えやすい「なぜ」「どうして」

「なぜ」「どうして」は、原因や理由をたずねるときに使われる疑問詞です。ところが、「どうして、失敗したのですか？」と相手に問いかけると、質問に対する回答ではなく、「すみません」という謝罪や「だって……」という言い訳の言葉を引き出してしまうことがあります。

相手が謝ったり自己弁護したりするのは、この質問が失敗した自分を非難する言葉に聞こえたからです。質問する側は、ただ失敗の原因を知りたかっただけであっても、質問の仕方によって、相手にこのような誤解を与えてしまうことがあります。

原因に焦点を当てた質問をする

「どうして、失敗したのですか？」が非難の言葉に聞こえるのは、この質問に"あなたは"という主語が隠れているからです。「どうして、あなたは失敗したのですか？」のように、人に焦点を当てた問いかけは、相手を非難しているような印象を与えてしまいます。

そこで、人ではなく、原因に焦点を当てた質問をしてみましょう。「原因として思い当たるのは、どのようなことですか？」と言い換えると、質問の意図が誤解されることなく相手に伝わります。

QUESTION 16

情報収集 確認 人間関係 会話 思考 気づき

「なぜ?」「どうして?」②

行動の理由をたずねる

なんで、そんなことしたの?

だって……

そうしたのは、どんな気持ちからだったの?

周囲に迷惑をかけてはいけないという気持ちからです

"そんなこと"はネガティブな表現

　言い方にもよりますが、「なんで、そんなことしたの?」は、叱責に聞こえやすい言葉です。一見、行動の理由をたずねる質問のようでも、本当に回答することを求められているのか、それとも直接的な表現を避けて遠回しに叱責されているのかが相手にはわかりません。

　そもそも理由をたずねるという行為そのものに、少し批判的なニュアンスを感じ取る人もいます。そのうえ、「なんで、"そんなこと"したの?」のように、ちょっとネガティブな表現を使った質問をされれば、本当に回答することを求められているとは思えなくなるでしょう。

行動の背景にある考えや気持ちを質問する

　そこで、その行動の背景にはどのような考えや気持ちがあったのかを質問します。「そうしたのは、どんな気持ちからだったの?」と問いかければ、叱責の言葉には聞こえません。

　そのほかにも、「どのように考えて、そうしたの?」と相手の考えをたずねてみるのもよいでしょう。「それは、何か(誰か)のためだったの?」と行為の目的をたずねる方法もあります。

使える質問フレーズ集 ①

原因・理由をたずねる質問

原因や理由をたずねるときは、「なぜ」「どうして」と質問してしまいがちです。「なぜ」「どうして」を使わなくても質問できるように、人に焦点を当てない質問もレパートリーに加えておきましょう。

どうして、失敗したのですか？

▶ 原因として思い当たるのは、どのようなことですか？
▶ そのような結果になった要因を、どう考えていますか？
▶ 何が理由で、上手くいかなかったと思いますか？

なぜ、そんなことをしたのですか？

▶ そうしたのは、どのような気持ちからだったのですか？
▶ どのような考えから、そのように行動したのですか？
▶ そのようになった経緯を教えていただけますか？

どうして、それをしたくないのですか？

▶ そう思うのは、どのような考えがあるからですか？
▶ そのような気持ちになったきっかけは何ですか？
▶ それをしたくないと思うのは、何のためですか？

> なぜ、こんな状況になったのですか？

- ▶ この状況を引き起こした要因は、何だったと思いますか？
- ▶ このような状況になった理由を、どうお考えですか？
- ▶ このような状況に至った経緯をお話しいただけますか？

> どうして、そのように考えるのですか？

- ▶ そのように考えるのは、誰のためですか？
- ▶ そう考えるようになったきっかけは何ですか？
- ▶ そのように考える背景には、どのような気持ちがあるからですか？

> なぜ、今まで黙っていたのですか？

- ▶ 今までお話しされなかった理由は、何だったのですか？
- ▶ どのような思いで、黙っていることにしたのですか？

QUESTION 17

情報収集　確認　人間関係　会話　思考　気づき

ノーアンサー・クエスチョン①

意欲があるか知りたい

✕　やる気はありますか？

……あります

◯　どのように行動しようと考えていますか？

まず、自分で学習するための本を購入しようと考えているのですが、どの本がよいのか迷ってて……

具体的な行動から相手の意欲を評価する

相手との関係性にもよりますが、「やる気はありますか?」は上から目線の質問です。なぜなら、相手にやる気があるのか、それともないのかをたずねているようで、実は、相手に回答することを本当は求めていないノーアンサー・クエスチョンだからです。

「やる気はありますか?」という質問は、「あなたにやる気が感じられません」というメッセージと同じ意味をもちます。この質問に対して、問われた相手は黙り込んでしまうか、本心はどうであれ「あります」と回答するしかないのです。

「あります」という回答だけでは、本当に意欲があるのかを知ることはできません。そこで、「どのように行動しようと考えていますか?」と問いかけて、その回答から相手の意欲を評価するとよいでしょう。

■ 心理学キーワード

ノーアンサー・クエスチョン

「やる気はあるの?」「何回言えばわかるの?」「また○○するつもり?」のように、問いかけてはいるものの、実際には相手に回答することを求めていない質問をノーアンサー・クエスチョンと言います。
　自分のイライラした気持ちやストレスを発散するために使われるノーアンサー・クエスチョンは、相手を萎縮させてしまう声かけにしかなりません。

QUESTION 18

情報収集　確認　人間関係　会話　思考　気づき

ノーアンサー・クエスチョン②

作業が滞っている人に言葉をかける

　いつまでやっているの？

……

　あとどれくらいで終わりそう？

あと10分くらいで終わります

会話が成立する質問を心がける

「いつまでやっているの?」と問いかけることは、「さっさと終わらせて!」と非難することと同じです。このようなノーアンサー・クエスチョンは、ただ相手の反発を招いたり、相手を嫌な気分にさせてしまったりするだけで意味がありません。

そこで、「あとどれくらいで終わりそう?」と質問してみましょう。前向きに会話を進めるためには、具体的に、肯定的に質問することが大事です。現在の状況を明らかにする質問であれば、相手もすぐに答えを返すことができます。さらに、「どこまで進んだの?」「何に困っているの?」などと質問を重ねて、現在の状況を一緒に整理するとよいでしょう。

ノーアンサー・クエスチョンは、質問の形式ではあるものの、一方的なかかわりにしかなりません。双方向の会話を成立させるためには、相手が答えを返せる質問をいつも心がけましょう。

Chapter 2

押さえておきたい！ 基本の質問

> 同じことをたずねているようでも、
> どのように質問するかによって、
> 返ってくる答えに大きな違いが生まれます。
> 目的に沿った適切な問いかけができるように、
> 基本的な質問形式をブラッシュアップしておきましょう。

QUESTION 19

情報収集　確認　人間関係　会話　思考　気づき

クローズド・クエスチョン①

挨拶で緊張をほぐしたい

✕　こんにちは

こんにちは（ちょっと緊張するな）

◯　こんにちは。場所はすぐ、おわかりになりました？

ええ、事前に教えていただいたので、すぐわかりました。ありがとうございます

挨拶＋質問で会話をスタート

「こんにちは」「おはようございます」と挨拶したあとは、相手が「はい」か「いいえ」で簡単に答えられるクローズド・クエスチョンをしてみましょう。挨拶に一言、質問をプラスするだけで、お互いの緊張がほぐれて、自然に会話をスタートすることができます。

挨拶したあとの質問といえば、「今日はいいお天気ですね?」「朝から暑いですね?」などが定番フレーズですが、どうせなら相手を気遣う質問をしてみましょう。

例えば、「場所はすぐ、おわかりになりましたか?」「お待ちになりましたか?」「お変わりありませんか?」などと、相手に配慮した質問ができるとさらに好印象になります。

■ 心理学キーワード

クローズド・クエスチョン

クローズド・クエスチョンとは、相手に「はい」「いいえ」のいずれかで答えてもらう質問形式のことです。クローズド・クエスチョンには、AかBかを選択してもらう質問や、「お名前は?」のように決まった内容を回答する質問も含まれます。

挨拶の場面で緊張をほぐしたり、会話のきっかけをつかんだりするときは、相手が簡単に答えられるクローズド・クエスチョンが適しています。

QUESTION 20 | 情報収集 確認 **人間関係** **会話** 思考 気づき

クローズド・クエスチョン②

雑談で話題に困ったとき

（何か話さなければ……）
そういえば、最近忙しくて
大変なんですよ

はあ、そうなんですね

新しい生活には慣れましたか？
今は、どのようなことをされて
いるのですか？

はい、少しずつですが慣れてきま
した。今はまだ、研修期間中なの
で毎日が勉強です

会話では意識を相手に向ける

　雑談で自分の話ばかりする人には、2つのタイプが考えられます。1つは話をすることが楽しくて、つねに自分が話し手でいたい"おしゃべりが大好きなタイプ"。もう1つは会話が途切れないように、何の話題でもいいから話し続けようとする"沈黙が不安なタイプ"です。

　言うまでもなく、話題に困ってしまうのは後者のタイプですが、2つのタイプに共通していることがあります。それは、会話中の意識がつねに自分自身に向いていることです。そのため、どちらのタイプも、相手がどう感じているのかということにまで気が回りません。雑談とはいえ、良好な関係をつくるためには、相手に意識を向けて会話をすることが大切です。

雑談上手は、質問上手

　そこで、相手を会話に巻き込む質問をしてみましょう。例えば、「新しい生活には慣れましたか?」と、まずはクローズド・クエスチョンで問いかけます。「はい」か「いいえ」で回答できる質問は、会話がまだ弾んでいない導入で使うと、会話の流れをよくしてくれます。

　クローズド・クエスチョンで会話のきっかけをつかんだら、「どのようなことをされているのですか?」とp.74のオープン・クエスチョンを使って会話を広げていくとよいでしょう。

QUESTION 21

情報収集　確認　人間関係　会話　思考　気づき

選択肢つきクローズド・クエスチョン①

テンポよく会話を進める

 次回の面談はどうしますか？

どうって、えっと……

 次回の面談は対面とオンライン、どちらがよろしいですか？

オンラインでお願いします

選択肢を示して質問する

「次回の面談はどうしますか?」と漠然と質問すると、相手は何を答えてよいのかわからず戸惑ってしまいます。「どうしますか?」だけでは、面談をする・しないをたずねているのか、それとも面談を希望する日時をたずねているのかが相手にはわかりません。

そこで、何を回答すればよいのかが相手にわかるように、「次回の面談は対面とオンライン、どちらがよろしいですか?」と具体的な選択肢を提示してたずねてみましょう。

問われた相手は提示された選択肢のなかから、もっとも適したものを選べばよいため、戸惑うことなく回答することができます。

▎心理学キーワード

二者択一の質問

「A? それともB?」のように2つの選択肢を提示して、どちらか一方を選んでもらう問いかけを二者択一の質問、あるいは二択の質問と呼びます。

二者択一の質問には、2つのメリットがあります。1つは効率よく情報収集や確認ができること、もう1つはテンポよく会話を進められることです。その一方で、会話を広げたり深めたりするには不向きな質問であるため、場面を限定して使用する必要があります。

QUESTION 22

情報収集　確認　人間関係　会話　思考　気づき

選択肢つきクローズド・クエスチョン②

速やかに希望を聞き出す

飲み物は何がいい？

う〜ん、そうだな……
（何があるのかな）

コーヒーと紅茶なら、
どちらがいい？

では、紅茶で

二択で回答を絞り込む

　ただ漠然と「何がいい？」と相手にたずねても、すぐに自分の希望を言葉にできるとは限りません。「何が食べたい？」「飲み物は何がいい？」「どこに行きたい？」「何をしたい？」などの質問に対して、相手がすぐに回答できないときは、選択肢つきクローズド・クエスチョンが有効です。

　想定できる選択肢を2つ提示して、「例えば、AとBならどちらがいい？」と選んでもらいます。相手の希望がはっきりしないときは、「AとBでは、どちらのほうに魅力を感じる？」「AとBなら、どちらに近い感じ？」などと問いかけて、回答を絞り込んでいくとよいでしょう。

 心理学キーワード

特定質問と拡大質問

　何かを特定したいときに使われる質問のことを、特定質問と呼ぶことがあります。「A？　それともB？」のような二者択一の質問や、相手に「はい」か「いいえ」で答えてもらうクローズド・クエスチョンは特定質問です。

　それに対して、拡大質問とは、相手に考えを深めてもらったり、気づきを促したりするときに使われる質問のことを指します。拡大質問の"拡大"には、会話を広げていくという意味だけでなく、相手のもつ能力や可能性を拡大するという意味もあるのです。

QUESTION 23

情報収集　確認　人間関係　会話　思考　気づき

オープン・クエスチョン①

話に関心を示す

 ふ〜ん、そうですか

ええ……
（あんまり興味なさそうだな）

 そう、それからどうなったのですか？

それで、その担当の方とお会いできることになったんです

あいづちの代わりに"それから質問"

「ふ〜ん、そうですか」や「あっそう」などの素っ気ないあいづちは、うわの空で話を聞いている印象を与えがちです。相手は「私の話に興味なさそうだな」と感じて、話す意欲を低下させてしまうかもしれません。

そこで、相手の話に関心があることを示したいときは、あいづちの代わりに"それから質問"をしてみましょう。「それから、どうしたのですか?」「それで、どうなったのですか?」などと問いかけて、相手の話を促します。

さらに、相手の話に沿って、5W1Hの疑問詞を使ったオープン・クエスチョンで質問してみましょう。「いつ」「どこで」「誰が」「何が」「どうして」「どのように」と、たずねていくと、話題がどんどん広がります。

> **心理学キーワード**
> **オープン・クエスチョン**
> オープン・クエスチョンとは、何を、どのように答えるのかを相手に委ねる質問形式のことです。オープン・クエスチョンは回答の範囲を限定しないので、会話を広げたり深めたりする効果があります。

使える質問フレーズ集 ②

5W1Hを使った オープン・クエスチョン

相手の話に沿って、5W1Hの疑問詞を使ったオープン・クエスチョンをしてみましょう。なかでも「How（どのような）」の質問は、相手からより多くの言葉を引き出すので、会話を広げたいときに有効です。

What（何？ 何を？ どんな？）：物事・内容を質問する

▶ それを始めたきっかけは何だったのですか？

▶ どんなところが魅力なのですか？

▶ 一番のお勧めは、何ですか？

Who（誰？ 誰が？）：人・対象を質問する

▶ 最初に始めたのは、誰だったのですか？

▶ それは、どなたの影響だったのですか？

▶ 誰と一緒によく行くのですか？

Why（どうして？ なぜ？）：理由・目的を質問する

▶ それはどうしてなのですか？

▶ どうして、AではなくBなのですか？

▶ そのようにすると、なぜ上手くいくのですか？

Where（どこで？　どこへ？）：場所・位置を質問する

▶ それをするなら、どこがお勧めですか？

▶ それは、どこに行けば手に入りますか？

▶ 特に印象に残っている場所はどこですか？

When（いつ？　いつまで？）：時間・時期を質問する

▶ それはいつ頃の話ですか？

▶ いつ、それをしているのですか？

▶ いつまで、そちらにいらしたのですか？

How（どのように？　どうすれば？）：方法・状態を質問する

▶ それはどのようにするのですか？

▶ どのような経緯があったのですか？

▶ どうすれば上手くできるようになるのですか？

QUESTION 24

情報収集　確認　人間関係　会話　思考　気づき

オープン・クエスチョン②

感想を引き出す

✗　楽しかった？

うん

〇　やってみて、どうだった？

意外と難しかったけど、またやってみたいと思った！

自由に答えられる質問をする

「楽しかった?」のようにクローズド・クエスチョンで感想をたずねると、「うん」の一言で答えが終わってしまうことがあります。楽しかったか、それとも楽しくなかったのかを、相手に判断して答えてもらうことはできますが、それ以外の感想を引き出すことはできません。

そこで、相手に自由に答えてもらうオープン・クエスチョンを使ってみましょう。「やってみて、どうだった?」という質問をすれば、何を、どのように回答するのかは相手次第です。「思っていたより○○だった」などと、質問する側がまったく予想していなかった感想を引き出すことができるかもしれません。

もっと詳しく!

▶▶▶ 2つの質問を組み合わせる

質問は、相手や状況に応じて、効果的に使い分けることが大切です。
例えば、面談や相談援助の場面では、情報収集や事実確認を行うときにクローズド・クエスチョンを使い、相手の考えや気持ちを理解したいときにはオープン・クエスチョンを用いると効果的です。クロージングでは、「はい」「いいえ」で答えてもらうクローズド・クエスチョンで、話し合った内容を確認したり、相手の意思を明確にしたりするとよいでしょう。

QUESTION 25 `情報収集` `確認` `人間関係` `会話` `思考` `気づき`

前置きつきオープン・クエスチョン①

近況をたずねる

最近はどうですか？

はあ、まあまあです
（どうって何が？）

しばらくお忙しそうでしたが、
最近はどうですか？

ありがとうございます。ええ、
ずっと○○で大変でしたが、
先週やっと一段落しました

漠然とした質問は回答に困る

オープン・クエスチョンは、自由に答えることができる質問です。だからこそ、かえって答えることが難しいと感じる人もいます。

特に、「最近はどうですか?」のような漠然とした質問をされると、「どうって何が?」と戸惑ってしまう人は少なくありません。何をどのように答えればいいのかがわからないと、「はあ、まあまあです」「ええ、おかげさまで」などと当たり障りのない返事になりがちです。

前置きで質問の意図を伝える

そこで、「最近はどうですか?」の前に、「しばらくお忙しそうでしたが」「先週は風邪を引いて具合が悪そうでしたが」などの前置きをつけてみましょう。この一言があるだけで、おのずと質問の意図が伝わり、相手は戸惑うことなく返事をすることができます。

「最近はどうですか?」は誰に対しても投げかけられる便利な定番質問ですが、相手に特化した前置きをつけることで、相手を気遣うパーソナルなメッセージにもなるのです。

QUESTION 26 | 情報収集 確認 人間関係 会話 思考 気づき

前置きつきオープン・クエスチョン②

目標をたずねる

 あなたの目標は何ですか？

目標ですか……えっと
（どう答えたらいいだろう）

 1年後、何ができるように
なっていたいですか？

1年後には○○ができるように
なっていたいです

前提や条件を提示して質問する

「あなたの目標は何ですか？」と問われて、答えにくい質問だなあと感じる人は少なくありません。なぜなら、問われている範囲が広すぎて、漠然としているからです。

そこで、「1年後、何ができるようになっていたいですか？」「30歳の頃には、どのようになれていたら嬉しいですか？」などの前置きのあるオープン・クエスチョンを使ってみましょう。

「1年後」「30歳の頃には」などの前提や条件をつけると、少し先のなりたい自分や将来の目指したい自分を、具体的にイメージしてもらうことができます。

もっと詳しく！

▶▶▶ **前置きが必要か否かは相手次第**

オープン・クエスチョンに前置きが必要か否かは、質問に答える相手次第です。そこで、まず「あなたの目標は何ですか？」と問いかけてみるとよいでしょう。明確な目標をもっている人であれば、「○○が私の目標です」とすぐに答えられるはずです。

同じ質問をしても「目標ですか……えっと……」という反応しか返ってこない人には、「では、1年後、何ができるようになっていたいですか？」と前置きつきのオープン・クエスチョンを使ってみましょう。

QUESTION 27

情報収集　確認　人間関係　会話　思考　気づき

肯定質問①

期日に遅れそうな報告を受けたとき

どうして、
間に合わないのですか？

申し訳ありません……　

どうしたら、
間に合うと思いますか？

誰かに協力してもらえたら、
なんとか間に合うと思います

「どうして」ではなく「どうしたら」

質問には、問われた相手の気持ちを前向きにも後ろ向きにもさせるチカラがあります。

「どうして、間に合わないのですか?」と問いかけると、相手の気持ちは後ろ向きになりがちです。「申し訳ありません」と謝罪したり、言い訳を探し始めたりして、会話自体がどんどん否定的な方向に向かってしまいます。その理由は、この質問が"ない"という否定的な言葉を含んだ否定質問だからです。

そこで、「どうしたら」で始まる肯定質問で、相手の気持ちが前向きになるように問いかけてみましょう。「どうしたら、間に合うと思いますか?」とポジティブに考えるように促すと、会話も前向きで建設的なものになるはずです。

 心理学キーワード

肯定質問と否定質問

肯定質問とは、相手の意識をポジティブな側面に向ける質問のことです。それに対して、ネガティブな側面に向けてしまう質問を否定質問と呼びます。具体的には、"ない"や"しない"などの否定形の言葉を含む質問のことを指します。

否定質問と「どうして」「なぜ」が組み合わさると、追及したり非難したりするニュアンスが強くなり、相手に自己防衛や自己弁護をさせてしまいがちです。前向きに考えてほしいときは、「どうして」を「どうしたら」に置き換えて肯定質問をするとよいでしょう。

QUESTION 28

情報収集　確認　人間関係　会話　思考　気づき

肯定質問②

「説明がよくわかりません」と相手に言われたとき

 何がわからないのですか？

……
(それがわからないから困っているのに)

 わかったことは何ですか？
わかっていることを
一緒に整理しましょう

わかったことは、前日までに必ず予約するということです。そのあと……(あっ、ここが理解できていないところかも)

ポジティブな側面に焦点を当てる

「何がわからないのですか?」と質問されても、自分ではそれがはっきりとわからない場合もあります。そもそも、この質問に明確に答えられるくらいなら、最初から「説明のなかで、○○がよくわかりませんでした」と言えるはずです。

「説明がよくわかりません」という漠然とした言い方になるのは、相手の頭のなかが上手く整理できていない状態だからかもしれません。そこで、わからないことを問う否定質問より、わかったことを答えてもらう肯定質問を使ってみましょう。

「わかったことは何ですか?」と相手に問いかけて、何がどこまでわかっているのかを一緒に整理すると、どこでつまずいたのかを特定することができます。最初からすべてを説明し直すより、ピンポイントで相手が理解できていないことだけを説明するほうが断然効率的です。

もっと詳しく!

▶▶▶ **思考を広げる肯定質問**

私たちの思考は、ネガティブな状態にあるときは狭くなり、ポジティブな状態にあるときはより広がる傾向があります。

例えば、「どうして間に合わないの?」と原因を問うより、「どうしたら間に合うと思う?」とポジティブに考えるように促すほうが、その人の思考が広がり、さまざまな可能性に気づいてもらうことができるのです。

使える質問フレーズ集

肯定質問

"ない"という否定形の言葉を含む否定質問を、ポジティブな側面に焦点を当てる肯定質問に置き換えてみましょう。それだけで、会話自体が前向きなものになります。

どうして、間に合わないのですか？

- ▶ どうしたら、間に合うと思いますか？
- ▶ 間に合わせるために、今からできることは何ですか？

何がわからないのですか？

- ▶ わかったことは何ですか？
- ▶ どこまでわかりましたか？

なぜ、続けられないのですか？

- ▶ どのような方法だったら、続けられますか？
- ▶ 何をしたら、続けられそうですか？

まだ終わっていないのですか？

- ▶ 予定通りに終わらせるには、どうしたらよいと思いますか？
- ▶ あと、どのくらいで終わりそうですか？

どうして、上手くいかないのですか？

▶ どうしたら、上手くいくと思いますか？

▶ 何があったら、上手にできそうですか？

▶ 成功させるためには、どのような方法が考えられますか？

遅れないためには、どうすべきですか？

▶ どうすれば、余裕をもって到着できると思いますか？

▶ 期日を守るためには、何をしておくとよいと思いますか？

▶ 予定通りに行動するためには、何が必要だと考えますか？

なぜ、やらないのですか？

▶ 「これくらいだったらできそう」と思うことは何ですか？

▶ どこまでだったら、やれそうですか？

▶ どれくらいなら、やることができると思いますか？

QUESTION 29

情報収集　確認　人間関係　会話　思考　気づき

未来質問①

事後報告されたとき

 なぜ、もっと早く
報告できなかったのですか？

すみません、次から気をつけます

 これからは、どうしたらいいと
思いますか？

次からは、自分でなんとかしようとせず、
まずは報告したいと思います

原因究明より「これから」に焦点を当てる

「なぜ、もっと早く報告できなかったのですか?」と問いかけたときに、「すみません、次から気をつけます」という言葉が相手から返ってくる場合があります。一見、反省している言葉のように聞こえますが、これで会話を終わらせてしまうと原因が究明できないだけでなく、次から何をどのように気をつけるのかが曖昧なままになってしまいます。

反省も大切ですが、それ以上に重要なのは「これから」の行動です。そこで、「これから」に焦点を当てた未来質問をしてみましょう。「これからは、どうしたらいいと思いますか?」と問いかけて、同じことを繰り返さないための行動を、その場で答えてもらうのです。

どうしても原因を究明する必要があるときは、「事後報告になった理由は、何だったのですか?」などと問いかけると謝罪の言葉ではなく、質問に対する回答を引き出すことができます。

■ 心理学キーワード

未来質問

未来質問とは、未来に焦点を当てて、相手の意識を「これから」に向ける質問のことです。具体的には、「これから」「次は」「1年後には」「今後は」などの言葉が伴う未来形の質問を指し、これからすることや起こることをイメージさせる質問のことを言います。

QUESTION 30

情報収集　確認　人間関係　会話　思考　気づき

未来質問②

計画通りに進んでいないとき

今まで、何をしていたのですか？

すみません、予想以上に時間がかかってしまって……

今から、できることは何ですか？

もっと効率よく進められるように方法を見直します

「今まで」より「今から」を考える

「今まで、何をしていたのですか?」と問いかけると、相手は過去の自分の行動を振り返り始めます。どうして計画通りに進んでいないのかを考えてもらい、その原因が本人の行動にあるのであれば反省を促すことも大切でしょう。ただし、過去質問から引き出せるのは、これまでの振り返りと反省のみです。

前進するためには、今から何をするのかを考えてもらうことが重要です。そこで、相手の意識をこれからに向ける未来質問をしてみましょう。

「今から、できることは何ですか?」と問いかけて、解決方法を考えることを促すのです。今後の行動に直結した会話ができると、相手のやる気を引き出すことにもつながります。

■ 心理学キーワード

過去質問

　過去質問とは、過去の出来事に焦点を当てて、相手の意識を「これまで」に向けさせる質問です。過去質問は、その内容によって得られる効果が大きく異なります。

　例えば、過去の出来事について原因を究明しようとする質問は、相手ができなかったことや、やらなかったことに対する非難や叱責に聞こえてしまいがちです。その一方で、過去の成功体験に関する質問は、相手の自己効力感を高め、前向きな姿勢を引き出すことに役立ちます。

使える質問フレーズ集

未来質問

"これまで"を振り返る過去質問を、"これから"に焦点を当てる未来質問に置き換えてみましょう。相手の意識を"これから"に向けることで、今後の行動に直結した建設的な会話が可能になります。

> なぜ、もっと早く報告できなかったのですか？

- ▶ これからは、どうしようと思いますか？
- ▶ 次からは、どうすればいいと考えますか？
- ▶ 今後、気をつけたいことは何ですか？

> 今まで、何をしていたのですか？

- ▶ 今から始められることは何ですか？
- ▶ これから、どうしたらいいと考えますか？
- ▶ 今後は、何があったらできそうですか？

> どうして、こんなことになったのですか？

- ▶ 今からでも、できることって何だと思いますか？
- ▶ 状況を変えるためには、今後どうすればよいでしょうか？
- ▶ 何をしたら、次はよい結果になると考えますか？

💬 なぜ、ミスを防ぐことはできなかったのですか？

▶ ミスを防ぐために、今後はどうしたらよいと思いますか？

▶ 次回から何をすればミスを防ぐことができるでしょうか？

▶ 同じようなミスを起こさないために、
明日からやってみようと思うことは何ですか？

💬 どうして、できなかったのですか？

▶ できるようになるには、
今後どのような工夫が必要でしょうか？

▶ 今から何を変えたら、できるようになると思いますか？

▶ できるようになるために、
これから何をしてみようと考えていますか？

Chapter 3

使ってみたい！
技あり質問

質の高い情報を引き出すには、
ひとつ上をいく質問の技術が必要です。
高度なコミュニケーション技術に基づくカウンセリングや
種々の心理療法では、「そういう問いかけ方もあるんだ！」と
"目から鱗"の質問が多く活用されています。
そのような技あり質問を、
仕事やプライベートの場面でも使ってみましょう。

QUESTION 31

情報収集　確認　人間関係　会話　思考　気づき

スケーリング・クエスチョン①

自信のほどを知りたい

× 自信はどれくらいありますか？

そうですね。まあまあです
（どれくらいって、どう答えたら
いいのだろう）

○ 絶対的な自信が100%だと
すると、今回は何%?

う〜ん、80%くらいです

数値で程度を答えてもらう

　その人にしかわからない感覚的な程度を、言葉で表現するのは案外難しいものです。例えば、「自信はどれくらいありますか?」と質問すると、「どれくらいって、どう答えたらいいのだろう」と困ってしまう人は少なくありません。適切な表現方法が思いつかないと、「まあまあです」といった当たり障りのない回答になりがちです。

　「まあまあ」という回答からは、どのくらい自信があるのかを具体的に把握することはできません。そこで、程度をたずねるときはスケーリング・クエスチョンを活用するとよいでしょう。

　「絶対的な自信が100%だとすると、今回は何%?」と質問すれば、相手は「80%くらいです」と自分の状態を数値で表現できるので、格段に回答しやすくなります。質問した側も、より具体的な回答を得ることが可能になるのです。

■ 心理学キーワード

スケーリング・クエスチョン

　スケーリング・クエスチョンとは、程度の指標としてスケール(尺度)を使った質問形式のことです。問われた相手は、自分の状態がそのスケール上でどのあたりに位置するかを考えて、数値で答えることになります。回答された数値は、あくまでもその人の主観に基づくものですが、数値化することで相対的な捉え方ができるようになるというメリットがあります。

QUESTION 32 | 情報収集 確認 人間関係 会話 思考 気づき
スケーリング・クエスチョン②

進捗状況を確認したい

 どれくらい進んだ？

だいたい終わりました
（本当はまだ半分くらいだけど）

 すべて終了した状態が10なら、今はどのあたり？

今は6くらいです

「だいたい終わりました」の2つの可能性

進捗状況を問われて、相手が「だいたい終わりました」と回答するときは、2つの可能性を考えなければなりません。1つ目は、その言葉通り、大部分が終了している可能性です。回答が額面通りの意味であれば問題はありませんが、注意が必要なのはもう1つの可能性です。

2つ目は、相手が適当に返事をしている可能性です。実際にはまだ半分くらいしか終わっていなくても、その場を取りつくろうとして、「だいたい終わりました」と返事をしているのかもしれません。

具体化も比較もできるスケーリング・クエスチョン

「だいたい終わりました」という返事にどちらの意味があるか判断するためには、「だいたいって、どのくらい?」などと詳細を質問する必要があります。それなら、最初からスケーリング・クエスチョンを使うとよいでしょう。「すべて終了した状態が10なら、今はどのあたり?」と問いかけると、進捗状況を具体的に知ることができます。

さらに、スケーリング・クエスチョンを定期的に活用すると、「前回の回答は3でしたね。今回が6ということは、ずいぶん進みましたね」と、進捗状況の変化を数値化して比較することも可能になります。

使える質問フレーズ集

スケーリング・クエスチョン

スケーリング・クエスチョンでは、どのような状態が満点なのかをわかりやすく定義することがポイントです。相手に応じて、イメージしやすいスケールを選ぶと、1つ上をいく質問になります。

自信はどれくらいありますか？

- ▶ 絶対的な自信が100%だとすると、今回は何%？
- ▶ まったく自信がない状態が0、自信満々な状態を10としたら、今はいくつですか？
- ▶ 明日から実行する自信は10点満点中の何点ですか？

どれくらい進みましたか？

- ▶ すべて終了した状態が10なら、今はどのあたり？
- ▶ 達成できた状態を山の頂上とした場合、今は何合目あたりですか？

どの程度、理解できましたか？

- ▶ 完璧に理解できた状態が10なら、今はいくつですか？
- ▶ 100%に対して、今の理解度は何%？
- ▶ 何割くらい、理解できましたか？

今の状態はどのような感じですか？

▶ ベストの状態が10，最悪の状態が0なら，今はいくつ？

▶ 今の状態を点数にすると、100点満点中のいくつ？

どのくらい解決できましたか？

▶ 完全に解決できた状態が10なら、今はどの段階ですか？

▶ マラソンにたとえるなら、今はどの地点？

▶ モヤモヤがまったく晴れていない状態を0、スッキリ解決できた状態を10としたら、いくつに近いですか？

上手くいきそうですか？

▶ 上手くいく可能性は、何パーセントくらいだと思いますか？

▶ 10段階で表すと、今どの段階まで到達できましたか？

QUESTION 33

情報収集　確認　人間関係　会話　思考　気づき

仮定の質問①

アイデアを求める

何かよいアイデアは
ありませんか？

……
（そんなこと言われてもなぁ）

仮に何も制限がなかったら、
どのようなことができると
思いますか？

そうですね、何も制限がないなら、懸賞
金を出すというアイデアもいいと思います

制限をなくすことで自由な発想を促す

「何かよいアイデアはありませんか?」は、会議や話し合いの場面でよく使われる問いかけです。アイデアを求めるときに何気なく口にしがちですが、この質問は相手にプレッシャーを与えて、発言しにくい雰囲気をつくってしまうことがあります。

その原因は、質問のなかの"よいアイデア"という一言です。この一言が、その場で発言するハードルを上げてしまいます。相手は無意識のうちに、誰もがいいと言ってくれそうな優れたアイデアを出そうと考え込んでしまうでしょう。せっかく思い浮かんだアイデアがあっても、"よいアイデア"と認めてもらえる自信がないと、発言することを躊躇してしまいがちです。

そこで、自由に発想するように促したいときは、仮定の質問をしてみるとよいでしょう。"よいアイデア"という条件の代わりに、「仮に何も制限がなかったら、」と仮定してアイデアを求めると、枠にとらわれず思考することが可能になります。

もっと詳しく！

▶▶▶ 逆の発想を刺激する質問

発想の転換を促したいときは、イレギュラーな質問をしてみましょう。例えば、「何をしたらよいか?」と問いかけても発言がなければ、逆に「何をしたらよくないか?」と質問してみるのもよいでしょう。

普段とは異なる発想が刺激されると、画期的なアイデアが出てくるかもしれません。

QUESTION 34

情報収集　確認　人間関係　会話　思考　気づき

仮定の質問②

やりたいことをたずねる

 あなたのやりたいことは
何ですか？

やりたいこと？　えっと……

 時間に余裕ができたら、
どのようなことをやってみたい
ですか？

そうですね、地域のイベントの運営
ボランティアをしてみたいです

理想的な状況を想定して質問する

「あなたのやりたいことは何ですか?」という問いに即答できない人には、少し視点を変えて考えてもらうとよいでしょう。相手のなかにある「どうせ無理」といった思い込みや、「そんなこと、自分にやれるはずがない」などの隠れた前提を取り払って思考してほしいときに有効なのが仮定の質問です。

例えば、「時間に余裕ができたら、どのようなことをやってみたいですか?」と問いかけると、相手の発想が広がり、思いがけない回答が引き出せるかもしれません。相手に応じて、「もし自由に使えるお金があったら」「仮に1か月休みがもらえるとしたら」などと理想的と思えるような状況を想定して質問してみましょう。

仮定から現実につなげる

仮定の質問に答えてもらったら、さらに「その実現に向けて、今できることは何だと思いますか?」と質問を重ねていくと、相手が潜在的にやりたいと思っていたことを、その人の目標につなげることも可能です。

QUESTION 35

情報収集　確認　人間関係　会話　思考　気づき

チャンクダウンする質問①

発言のなかの抽象的な
言葉を明確にしたい

「コミュニケーションがとれていない」って、コミュニケーション不足ってことですか？

まあ、そんな感じです

「コミュニケーションがとれていない」って、具体的に言うと、どういうことですか？

私の言っていることが、相手に理解されていないと感じることがあります

「具体的に言うと?」で真意を探る

相手の発言のなかに、抽象的な言葉があるときは、その意味を具体的にするための質問をしてみましょう。例えば、「コミュニケーションがとれていない」という表現のままでは、相手がどのような状態を意味しているのかが漠然としてわかりません。

そこで、相手の発言に対して「具体的に言うと、どういうことですか?」と質問をして、その真意を明確にします。相手が上手く答えられないときは、「例えば、どのような場面でそう思ったのですか?」と質問するのもよいでしょう。

相手の発言を、別の言葉に置き換えて確認するのもよい方法ですが、その場合には「コミュニケーション不足ってことですか?」と大きなチャンクで確認するのではなく、「それは会話自体が少ないという意味ですか?」と具体的な状態に言い換えることが必要です。

 心理学キーワード

チャンクダウンする質問

チャンクとは、かたまりを意味する言葉です。そのかたまりを細かくほぐしていくことをチャンクダウンと表現します。つまり、チャンクダウンする質問とは、抽象的な言葉や漠然とした表現を具体化していく質問のことを言います。

QUESTION 36

情報収集　確認　人間関係　会話　思考　気づき

チャンクダウンする質問②

気後れして行動できない人を励ましたい

✕ やってみなければ何も始まらないでしょ？

うん……
（それはわかっているけど……）

◯ まず、やれそうなことは何かな？

ネットでの情報収集なら、すぐやれそう！

質問のチカラで、やる気スイッチを入れる

　何かにチャレンジしたり、新しいことを始めようとしたりするときに気後れしてしまい、なかなか行動に移せない人がいます。「私にできるかな」という不安や自信のなさが、一歩を踏み出す妨げになっているのかもしれません。あるいは、すぐにスイッチの入らないタイプだから、という可能性もあります。

　気後れしている人の背中を押す方法といえば、「がんばって」という励ましが定番ですが、質問のチカラを活用すれば、もっと効果的にやる気スイッチを入れることができます。といっても、「やってみなければ何も始まらないでしょ?」と問いかけて、叱咤激励することではありません。相手が負担を感じることなく行動を起こせるように、質問でサポートをするのです。

すぐにやれそうな行動を本人に考えてもらう

　そこで、「まず、やれそうなことは何かな?」と問いかけて、今すぐできそうな具体的な行動を本人に考えてもらいましょう。そして、「これくらいならやれる」と自分自身で思えるような、小さな行動から始めてみることを促します。

　ちょっとしたことでも、本人が実際に行動してみることでやる気スイッチが入りやすくなります。自ら起こした小さなアクションこそが、次の行動につながる一歩になるのです。

使える質問フレーズ集

チャンクダウンする質問

相手の発言のなかに抽象的な言葉があるときは、その言葉を具体化するためにチャンクダウンする質問をしてみましょう。漠然とした行動目標などもチャンクダウンすると、実行に移しやすくなります。

抽象的な言葉をチャンクダウンする質問

- ▶ 具体的に言うと、どういうことですか？
- ▶ 例えば、どのような場面でそう思ったのですか？
- ▶ 例えば、どういうものが挙げられますか？
- ▶ ○○とは、具体的にはどのような状態ですか？
- ▶ ○○について、もっと詳しく説明してもらえますか？
- ▶ それは、どのようなイメージですか？
- ▶ 具体例を挙げていただけますか？
- ▶ 事例を挙げるとしたら？
- ▶ それを言い換えるなら、どのような表現になりますか？
- ▶ それをもっとわかりやすく言うと？
- ▶ ほかには、どのような言い方ができますか？
- ▶ あなたが伝えようとしているのは、○○ということでしょうか？

漠然とした行動をチャンクダウンする質問

- まず、やれそうなことは何ですか？
- では、何から始めてみますか？
- この1週間で、できることは何でしょうか？
- この1か月で、どのようなことに取り組んでみますか？
- 具体的には、どのように行動しますか？
- まずは、何を変えようと考えていますか？
- 具体的に言うと、それは何をすることを意味しますか？
- 例えば、どのような行動が当てはまりますか？
- そのために、何をしたいと思いますか？
- それを実現するために、しておいたほうがよいことって何だと思いますか？

QUESTION 37 　情報収集　確認　人間関係　会話　思考　気づき

例外探しの質問①

相手が望ましくない行動を繰り返すとき

いつも遅れるのは、
どうしてですか？

えっと……
（どうしてって言われても）

間に合ったときは、何がいつもと違っていたと思いますか？

そうですね、準備を始めるタイミングが
いつもより早かったかもしれません

例外を生む条件を見つける

やってほしくないことを相手が何度も繰り返すと、つい「いつも◯◯するのは、どうしてですか?」とその理由をたずねたくなります。原因を特定して、そこから解決策を考えるのも1つの方法ですが、「どうしてですか?」と原因の追究にばかり時間をかけても解決につながらないこともあります。

そもそも、原因が何なのか特定が難しい場合も少なくありません。本人も悩んでいるものの、解決できず何度も同じことをしてしまうのは、その原因が自分でもわかっていないからです。

例えば、時間や期限に遅れてばかりいる人には、「間に合ったときは、何がいつもと違っていたと思いますか?」と質問してみましょう。例外的な状況に焦点を当てることで、"いつも遅れる原因"ではなく、"間に合うときの条件"を見つけて解決策を考えるとよいでしょう。

■ 心理学キーワード
例外探しの質問

例外とは、いつも起こる問題が起きていない状況や、問題が起きても比較的よかったときのことを指します。「これまでに、そうならなかったときはありますか?」「比較的よかったのは、どのようなときですか?」などと問いかけて、例外を発見しようとするのが例外探しの質問です。例外を意図的に再現するための条件がわかれば、それが解決の糸口になるかもしれません。

QUESTION 38

情報収集　確認　人間関係　会話　思考　気づき

例外探しの質問②

人前であがってしまう人の相談にのる

✕ 人前で緊張することは、よくあるのですか？

はい。人前ではいつもあがってしまいます

◯ 人前でも、比較的緊張しなかったときはありますか？それは、どんなときでしたか？

そうですね……あっ、あります。チームのメンバーと一緒にプレゼンをしたときです

"いつもと違う"ときに注目する

「人前で緊張することはよくあるのですか?」と問いかけると、相手は過去の緊張した経験を振り返り始めます。そして、人前で緊張した場面がいくつか思い浮かぶと、それだけで「いつもあがってしまう」と自分で認識しがちです。

「いつも、そうなる」と思っていることにも、そうではないときや、そうならないとき、つまり例外が必ずあるはずです。そこで、「人前でも、比較的緊張しなかったときはありますか?」と例外探しの質問をしてみましょう。

いつもと違う例外的な状況には、解決のためのヒントが隠れているかもしれません。「それは、どんなときでしたか?」とオープン・クエスチョンを使って、そのときの状況を具体的に振り返ってもらうとよいでしょう。

心理学キーワード

解決志向アプローチ

解決志向アプローチは、短期間での解決を目標とするブリーフ・セラピーの代表的なアプローチです。ソリューション・フォーカスト・アプローチ（SFA）とも呼ばれています。

このアプローチでは、原因や問題を追究したり特定したりするよりも、例外探しの質問を代表とする特徴的な質問を活用して、ダイレクトに問題解決を目指します。

QUESTION 39

情報収集　確認　人間関係　会話　思考　気づき

コーピング・クエスチョン①

困難を経験した人に言葉をかける

そんな経験をするなんて、大変だったでしょう？

ええ、あのときは本当に大変でした。

どうやって、その困難を乗り越えたのですか？

そうですね、自分にできることを書き出して、ダメもとで1つひとつチャレンジしました

その人の対処能力に焦点を当てる

「そんな経験をするなんて、大変だったでしょう？」と質問すると、相手は当然問われたことについて語り始めます。相手の意識を"大変だったこと"に向ける質問は、その人が経験した困難について詳しく知りたいときに適しています。

それに対して、「どうやって、その困難を乗り越えたのですか？」というコーピング・クエスチョンは、その人の対処能力に焦点を当てた会話をするときに有効な質問です。

"大変だったこと"を問いかけるより、どのようにその困難に対処したのかを質問するほうが、相手はポジティブな気持ちになれるでしょう。コーピング・クエスチョンには、困難な経験を乗り越えるために、その人が努力したことや工夫したことを間接的に承認する効果もあります。

■ 心理学キーワード

コーピング・クエスチョン

　コーピングとは、対処する、切り抜けるという意味をもつcopeに由来する言葉です。ストレスマネジメントでは、コーピングといえばストレス対処法のことを指します。
　ストレスに限らず、困難なことに上手く対処したり、なんとか乗り越えたりした経験を語ってもらうことで、その人がもっている対処能力への気づきを促すことができます。その機会を提供するための質問が、コーピング・クエスチョンです。

QUESTION 40 | 情報収集　確認　人間関係　会話　思考　気づき

コーピング・クエスチョン②

相手をやる気にさせる

 あなたもやればできるはずです

はい……（何を根拠に？）

 今までに、自分の壁を乗り越えた経験はありますか？　それは、どのようなときでしたか？

難関とされる試験に合格したくて、めちゃくちゃがんばって勉強した経験があります

過去の成功体験を思い出してもらう

「あなたもやればできる」は、相手をやる気にさせようとするときによく使われる言葉です。ただし、この一言で「よし、やるぞ!」とモチベーションが高まる人ばかりではありません。この言葉を素直に受け取れず、「何を根拠にそんなことを言っているのだろう」と思う人もいます。

そのような人をやる気にさせたいときは、過去の成功体験を振り返ってもらう質問をしてみましょう。例えば、「今までに、自分の壁を乗り越えた経験はありますか?」のようなコーピング・クエスチョンで、難しいことを成し遂げた経験や、困難に上手く対処した経験を思い出してもらうと効果的です。

さらに「それは、どのようなときでしたか?」というオープン・クエスチョンで、その経験について話をするように促します。過去の成功体験を語ることで、相手の気持ちが前向きになると、本人の自信とモチベーションがアップします。そのタイミングで、「だったら、今回もやればできるはず」と相手の背中を押してあげるとよいでしょう。

使える質問フレーズ集

自己効力感を高める質問

過去の成功体験や、努力によって成し遂げたことを答えてもらう質問は、相手の自己効力感を高めて、前向きな姿勢を引き出すことに役立ちます。

- ▶ これまでで一番がんばった経験は、どのようなことですか？
- ▶ もっとも集中して取り組んだのは、どんな仕事でしたか？
- ▶ 感謝されて嬉しかったのは、どのようなときでしたか？
- ▶ 何を褒められたとき、一番嬉しかったですか？
- ▶ 自分が成長できたなと思えたのは、どのような経験をしたときでしたか？
- ▶ どのようなときに、自分で自分を褒めてあげたいって思いましたか？
- ▶ 今までで一生懸命になれたことって、どのようなことでしたか？

使える質問フレーズ集 ❽

コーピング・クエスチョン

困難な経験をしても最悪の事態にならずに済んだのは、その人に対処能力があったからです。そのことに気づいてもらえるように、コーピング・クエスチョンをしてみましょう。

- ▶ どうやって、その困難を乗り越えたのですか？

- ▶ そんな大変な状況のなかで、
  どのようにがんばったのですか？

- ▶ あなたが今、こうやってがんばれているのは、
  何が影響しているのでしょうか？

- ▶ 今までに、自分の壁を乗り越えた経験はありますか？
  それは、どのようなときでしたか？

- ▶ これまでに、苦労したけどやり遂げたことって、
  どんなことでしたか？

- ▶ 最初は無理と思っていたのに、
  がんばってできるようになったことは何ですか？

QUESTION 41　情報収集　確認　人間関係　会話　思考　気づき

ディソシエートする質問①

多角的に考えることを促したい

 ✕ あなたなら、どうしますか？

 えっと……
（えーわからない、どうしょう）

 ○ あなたが先方の立場だったら、どうしてほしいと思いますか？

 そうですね、私が先方の立場だったら、変更した理由を詳しく説明してほしいって思うような気がします

他の人の視点にも気づいてもらう

「あなたなら、どうしますか?」と問われた相手は、自身の内面に視点を向けて考え始めます。相手がすぐに「私だったら、○○します」と回答できれば何も問題はありません。その一方で、相手が「えっと……」と言ったきり考え込んでしまったら、自分以外の人の視点で考えてもらう質問をしてみましょう。

例えば、「あなたが先方の立場だったら、どうしてほしいと思いますか?」と問いかけて、異なる視点で考えることを促します。自分の立ち位置から一旦離れて、自分とは違う人物になったつもりで考えてみると、新たな気づきが得られるかもしれません。

状況に応じて、「Aさんだったら、どうすると思いますか?」のように、その人にとってロールモデルになる人や、尊敬している人の視点に置き換えて考えるように促すのもよいでしょう。

■ 心理学キーワード

ディソシエートとアソシエート

ディソシエートとは自分を外から客観的に見ることを言い、自分の視点が外側にある状態を指します。それに対して、自分自身の視点から物事を見ることをアソシエートと言います。

QUESTION 42

情報収集　確認　人間関係　会話　思考　気づき

ディソシエートする質問②

客観的に自分を観察してほしい

✕　今の自分をどう思う？

> 何をやってもダメで、成長していないなあって……

〇　新人だったときのあなたなら、今の自分に何て声をかける？

> すぐあきらめるだろうなって思っていたけど、がんばって続けているんだねって言ってあげたいです

時間軸をずらして今を眺めてもらう

「今の自分をどう思う?」と問いかけると、自分のダメなところや、できていないことばかりを思い浮かべてしまう人がいます。そのような場合は、今の自分から一瞬離れて、客観的に自分を観察するように促すとよいでしょう。

そこで、ディソシエートする質問を使って、相手にもっと広く、俯瞰的に自分自身を見る機会を提供します。違う位置に視点を移すためには、時間軸を変えて過去や未来から今を眺めてもらうような質問も効果的です。

例えば、「新人だったときのあなただったら、今の自分に何て声をかける?」と過去の自分という視点から見た今の自分についてたずねます。新人の頃を思い出すことで、少しでも成長している自分が実感できると、自分自身のポジティブな側面にも気づくことができるでしょう。

もっと詳しく!

▶▶▶ 問われた相手の立場に立った質問

相手にディソシエートすることを求めるだけでなく、質問する側のあなた自身もディソシエートした問いかけを活用してみましょう。

例えば、「私があなたの立場だったら〇〇と思うのですが、それについてはどう考えますか?」と質問することで、相手に考える切り口を提供することができます。同時に、相手の立場に立って一緒に考えようとする姿勢を示すこともできるでしょう。

使える質問フレーズ集

ディソシエートする質問

ディソシエートする質問には、他の人の立場に立って考えてもらう質問や、時間軸をずらして考えてもらう質問があります。

他の人の立場に立って考えてもらう質問

- ▶ あなたが先方の立場だったら、どうしてほしいと思いますか？
- ▶ そういうとき、あなたが尊敬しているAさんならどうすると思いますか？
- ▶ Aさんなら、こういうとき何て言うと思いますか？
- ▶ ご家族から見ると、あなたがしていることはどう見えたでしょう？
- ▶ 同じ失敗を、あなたの同僚がしてしまったら、どんなふうに思いますか？
- ▶ 同じことを、あなたの大切な人が体験するとしたら、どう感じますか？
- ▶ 顧客の目線で考えてみると、どのように映りますか？
- ▶ 仮にあなたが相手の立場だったら、どのような気持ちになりますか？

時間軸をずらして考えてもらう質問

- ▶ 新人だったときのあなたなら、
  今の自分に何て声をかけますか？

- ▶ 未来のあなたが、今の自分に声をかけるとしたら
  何て言ってあげたいですか？

- ▶ 今抱えている問題を10年くらいたってから眺めたら、
  どんなふうに見えるでしょうか？

- ▶ 1年後に振り返ったときに、
  その出来事はどう見えるでしょうか？

- ▶ 短期では難しくても、長期で考えてみるとどうでしょうか？

QUESTION 43

情報収集 / 確認 / 人間関係 / 会話 / 思考 / 気づき

メタファー質問①

わかるように説明してほしい

「その場の雰囲気がよくない」って、どうよくなかったの？

えっと、何て言えばいいかな……

その場の雰囲気をたとえるなら、どのような感じだった？

たとえるなら、噂話をしていたら本人が急に現れて、みんなが慌てて口を閉じたときのような感じかな

比喩を使って表現してもらう

相手が「その場の雰囲気がよくなかった」などと漠然としたイメージの発言をすると、その状況を具体的に説明してほしくて「どうよくなかったの?」と質問したくなります。でも、直感的なイメージを的確な言葉で表現するのは、多くの人にとって簡単なことではありません。

そのようなときは、メタファー質問を使ってみましょう。「たとえるなら、それはどのような感じだった?」と比喩を用いることで、その人のイメージを自由に表現してもらいます。

「これだ!」と思えるようなたとえが見つからないときは、質問する側から「〇〇というような感じですか?」と比喩を使って問いかけてみるのもよいでしょう。

 心理学キーワード

メタファー

抽象的な物事を、直観的に理解できるように、具体的な何かに置き換えて表現することを比喩と言います。比喩には、「〜のように」とたとえる直喩(シミリー)や「〜のように」を使わずにたとえる隠喩(メタファー)のほか、同じ特徴をもつ別の事柄に当てはめてたとえる類比・類推(アナロジー)、物語や絵画などを通じて表現する寓意(アレゴリー)があります。

このように細かく見ていくと、メタファーとは比喩のなかの隠喩に該当しますが、一般的には比喩表現全般を指すことが多いようです。

QUESTION 44

情報収集　確認　人間関係　会話　思考　気づき

メタファー質問②

相手とイメージを共有したい

その担当者は、
どんな感じの人でしたか？

うーん、そうですね
（どんな感じって言われても）

その担当者をチームの
メンバーにたとえるなら、
誰に近いイメージですか？

このチームのなかなら、Bさんの
イメージに近いです

感覚的な情報は比喩で共有する

相手が感覚的に得た情報を、言葉で共有するのは難しいものです。「その担当者は、どんな感じの人でしたか?」とたずねられても、自分が抱いた印象をわかりやすく表現できないこともあります。

そこで、メタファー質問を使って誰か(何か)にたとえてもらうと、相手のイメージを直感的に理解することが可能になり、会話をテンポよく進めることにも役立ちます。

テーマを絞ってたとえてもらう

ただし、メタファーを効果的に用いるには、質問する側と答える側の双方にとって馴染みのある言葉でたとえる必要があります。例えば、「○○というアニメに登場する××というキャラクターのイメージです」と表現しても、そのアニメを見たことがない人には、まったくわからないたとえになってしまうでしょう。

そこで、メタファー質問をする際に、「チームのメンバーにたとえるなら、」とテーマを絞って考えてもらいます。質問する側と答える側の双方にとって身近なものや、一般的なものをテーマにすると失敗しません。

QUESTION 45 | リフレーミング質問①

情報収集　確認　人間関係　会話　思考　気づき

否定的な自己評価をする人に言葉をかける

 そんなことはありませんよ

そうですか？
（自分のことは自分が一番よくわかっているのに）

 それは、どのような場面で役立ちそうですか？

書類を作成する場面だったら、慎重すぎることも役立つかもしれません

状況のリフレーミングを促す

　例えば、「私は慎重になりすぎてしまうからダメなんです」などと、相手が否定的な自己評価をすると、つい「そんなことありませんよ」と言葉をかけてしまいがちです。相手に対する気遣いのつもりでも、これでは本人の捉え方を頭ごなしに否定しているような印象を与えてしまいます。

　そこで、相手の発言を否定せず、「あなたは自分を慎重になりすぎると捉えているのですね」と、そのまま受け入れます。それから、「それは、どのような場面で役立ちそうですか?」と状況をリフレーミングする質問をして、本人の特性を、異なる視点で捉え直してもらうとよいでしょう。

　一見、短所と思えるような特性や行動傾向であっても、ある状況においては役に立つこともあります。そこに気づくことができれば、自己を捉え直す機会になるでしょう。

心理学キーワード

リフレーミング

　リフレーミングとは、すでにその人がもっている意味づけや解釈を、異なる視点で捉え直すための技法です。事実をどのように意味づけ、解釈するかは、それを受けとめる側の枠組み（フレーム）によって異なります。1つの方向からしか見ていなかった枠組みに、新しい意味を付与するときに有効なのがリフレーミングです。

QUESTION 46

情報収集　確認　人間関係　会話　思考　気づき

リフレーミング質問②

思いがけない経験も糧にしてほしい

✕ この経験は、よい学びになりましたね？

はい、そうですね

〇 この経験は、何かを変えるきっかけになりそうですか？

今まで当たり前だと思っていたことを、改めて考える機会になりました

内容のリフレーミングを促す

　思いがけない経験をした相手に、「よい学びになりましたね?」と問いかけて、その経験にポジティブな意味づけをするのもリフレーミングです。ただし、その経験を糧にしてほしいと思うのであれば、どのような学びや気づきがあったのかを本人に考えてもらう必要があります。

　そこで、「この経験は、何かを変えるきっかけになりそうですか?」と問いかけて、内容のリフレーミングを促してみましょう。「よい学びになりましたね?」と問いかけるだけでは、相手は深く考えることなく、「はい、そうですね」と同意して終わってしまうかもしれません。

　"よい学び"は何となく聞こえがいい表現ですが、もう一歩踏み込んで「得られたことは何ですか?」「どのような意味がありましたか?」などと、具体的に何を学んだのかを質問するとよいでしょう。

使える質問フレーズ集

リフレーミング質問

リフレーミング質問によって、相手の考え方に広がりが生まれると、その人の行動や反応にも変化が見られるようになるかもしれません。

状況のリフレーミング質問

- ▶ それは、どのような場面で役立ちそうですか？
- ▶ それは、どのようなときだったら有用だと思いますか？
- ▶ それは、どのような状況で活かせるでしょうか？
- ▶ そのように行動してよかったと思ったのは、どのようなときですか？

内容のリフレーミング質問

- ▶ この経験は、何かを変えるきっかけになりそうですか？
- ▶ それを経験したことで、得られたことは何ですか？
- ▶ あなたにとって、どのような意味がありましたか？
- ▶ その出来事によって、どのようなことを考えましたか？
- ▶ 誰かにとってプラスに作用することはないでしょうか？

Chapter
4

質問すると上手くいく!
12のコミュニケーション

> 総仕上げとして、質問を取り入れると上手くいく
> 12のコミュニケーションを整理します。
> 日常の会話はもちろん、仕事における面接や面談、会議、
> 部下・後輩の指導育成などの場面で、質問の技術を応用すると、
> いつものコミュニケーションがガラリと変わります。

METHOD 01 | 情報収集 確認 人間関係 会話 思考 気づき
教えないで気づかせる方法

ヒントになる質問をする

 そのままではダメでしょ

すみません……
（またダメ出しされちゃった）

 そのままにすると、
このあとどうなるかな？

えっと、このあとですか……
あっ！ 次に使う人が困らないように
元に戻しておきます

指摘するだけでは単なる"ダメ出し"

「そのままではダメでしょ」とだけ指摘をする人は、相手に何がダメかを自分で考えてほしいという意図があるのかもしれません。「言われなくても自分で気づくことが大事」と考えるからこその指摘であっても、その意図が理解できなければ、相手はただの"ダメ出し"と受け取ってしまいます。

そこで、自分で考えてほしいときは、気づきを促す質問をすると上手くいきます。例えば、「そのままにすると、このあとどうなるかな？」「それを見た人は、どう感じると思う？」などと問いかけて、自分で考えるためのヒントを提供するのです。

質問して考えてもらうより、「元に戻さないとダメでしょ」と指摘したほうが早いと思うかもしれません。しかし、自分自身で気づいたことには、誰かから教えられたことと比べて、より深いレベルの納得感が得られます。そのため、主体的に気づいたことは記憶に残りやすく、そのあとの行動にも反映されやすいのです。

METHOD 02

情報収集　確認　**人間関係**　**会話**　思考　気づき

受け入れやすくなる指示の方法

指示は依頼形で伝える

 絶対に自分一人で判断しないでください

はい
（なんかムッとする言い方だな）

 判断が必要なときは、私に声をかけていただけますか？

はい、わかりました。
必ず声をかけるようにします

制限・禁止の指示は反発を招きやすい

「○○してください」という指示は、一方的な印象を相手に与えます。命令口調でもあるため、職場の上司や先輩ならまだしも、上下関係のない人にこのような言い方をされると、不快感を覚える人も少なくありません。

さらに注意が必要なのが、「○○しないでください」という言い方です。「絶対に自分一人で判断しないでください」のように、相手の行為を制限・禁止する指示は強いインパクトを与える分、相手の反発を招きかねません。

"してほしいこと"を依頼形で伝える

そこで、相手に"してほしくないこと"を指示するのではなく、"してほしいこと"を依頼形で伝えます。例えば、「判断が必要なときは、私に声をかけていただけますか？」と伝えると、一方的な印象を与えません。

それどころか、「○○していただけますか？」という形をとると、相手の都合を配慮している言い方にもなります。同じ内容であっても、指示としてではなく、依頼として伝えると、相手に快く受け入れてもらうことができるのです。

METHOD 03　情報収集　確認　人間関係　会話　思考　気づき

効果的なアドバイスの方法

選択肢＋発問で助言する

✕ そういうときは、はっきり断ればいいんだよ

そうですね……
（それなら、言われた通りにしておこう）

〇 断るという選択肢もあるけど、どう思う？

そうか、断るという選択肢は思い浮かびませんでした

正解を教えようとしない

相手に助言をするときは、自分が正解だと思うことを言ってあげたいという気持ちになります。例えば、「そういうときは、はっきり断ればいいんだよ」のように、どうすることが正解なのかを教えようとすると、相手は「それなら、言われた通りにしておこう」と受け身の姿勢になりがちです。

そこで、効果的な助言をするために大切なのが、選択肢の提供と発問です。「断るという選択肢もあるけど」と助言したいことを1つの選択肢として提供し、「どう思う?」という発問で相手に考えるように促します。

相手から助言を求められた場合であっても、自分が考える正解を教えて終わりにするのではなく、「どう思う?」と問いかけて、相手と一緒に考えようとする姿勢を示すことが信頼関係の形成につながります。

心理学キーワード
発問

一般的に、問いかけ全般を"質問"と表現しますが、質問の定義は「わからないことや知りたいことを問いただすこと」です。例えば、生徒が教師にわからないことをたずねるのは質問と言えるでしょう。それに対して、「あなたはどう思う?」のように、相手に考えるよう促す目的で問いかけることを、教育の現場では質問ではなく、発問と呼びます。

METHOD 04 | 情報収集　確認　人間関係　会話　思考　気づき
歩み寄るためのアサーション

発言を促す質問をする

 それをするのは難しいです。ご理解いただけませんか？

…… （自己主張ばかりする人だな）

 それをするのは難しいと私は思うのですが、あなたはどう考えますか？

なるほど、あなたの意見も理解できますが、私の考えはこうです

質問して歩み寄ろうとする姿勢を示す

　相手と意見がかみ合わず、それでもなんとか着地点を見つけたいときは、お互いに歩み寄ることが必要です。それがわかっていても、理解してほしいという気持ちが勝ってしまい、つい自分の意見ばかりを主張してしまうこともあるでしょう。

　このような場面で意識したいのが、アサーションです。自分の意見を主張するばかりでなく、話の区切りに「あなたはどう考えますか？」と問いかけて、相手の発言を促します。質問をすることで発話ターン（発話の順番）を交代したら、今度は聴き手に徹して、相手の意見を傾聴します。自分の立場だけでなく相手の立場も尊重しようとする姿勢が伝わると、互恵性の効果によって、相手にも歩み寄ろうとする気持ちが生まれてくるのです。

　心理学的に互恵性とは、相手から好意を受けると、同じように自分も好意を返したくなる傾向を意味します。自分の意見に耳を傾けてもらいたいときにこそ、相手の発言を促して、その意見に関心を示しながら聴くことが大事なのです。

心理学キーワード

アサーション

　アサーションとは、誰かを犠牲にしたり攻撃したりすることなく、自分の考えや意見、気持ちを上手に表現する方法のことです。自分のことだけでなく、相手のことも大事にするアサーションは、他者と誠実で対等な人間関係をつくるスキルと言われています。

METHOD 05

情報収集　確認　**人間関係**　**会話**　思考　気づき

頼みごとをするときに
相手をイラっとさせない方法

語尾に困ったら質問する

これを
お願いしたいのですが……

はあ（ですが、何？）

これをお願いしたいのですが……
よろしいでしょうか？

ええ、いいですよ

語尾を濁したときは質問をプラス

　頼みごとをするときは、あえて語尾をはっきりさせず曖昧にすることが、相手への気遣いだと思い込んでいる人がいます。言い方を和らげているつもりでも、語尾を濁すことで、何が言いたいのかを察してもらおうとする態度は、逆に相手をイラっとさせてしまうこともあります。

「これをお願いしたいのですが……」と言われても、相手は「ですが、何?」と言いたい気持ちになるでしょう。何か含みがあるような言い方にも聞こえてしまうため、要らぬ誤解を招かないように、「これをお願いします」と最後まではっきりと言い切ることが大事です。

とはいえ、語尾を濁す癖がある人は、最後に相手の了解を求める質問してみましょう。例えば、つい「これをお願いしたいのですが……」と言ってしまったときは、「よろしいでしょうか?」と一言プラスすると、語尾をはっきりさせなくても、好印象な言い方になります。

METHOD 06

情報収集 / 確認 / **人間関係** / 会話 / 思考 / 気づき

双方向のフィードバック

行動の意図を問いかける

✕ そのような行動は、すぐ改めたほうがいいですね

はい……
（私なりに考えた行動だったのに）

**〇 その行動には、どのような意図があったのですか？
意図した結果になりましたか？**

その場の雰囲気を和らげたくて行動したのですが。
周囲を困惑させてしまって不適切な行動でした

3つのステップでフィードバックする

　改めてほしい行動をフィードバックしても、相手の納得が得られなければ、その効果は一時的なものになりがちです。そこで、相手を巻き込みながら双方向でフィードバックできるように3つのステップで会話を展開してみましょう。

　ステップ1では、フィードバックしたい行動を具体的に特定します。いつ、どのような場面での行動であったのかを明確にして、その行動がもたらした結果や、その行動が周囲に与えた影響を客観的な事実として伝えます。

　次にステップ2で、相手の気づきを促す質問をします。「その行動には、どのような意図があったのですか?」「意図した結果になりましたか?」と問いかけて、相手の意図と、実際にその行動がもたらした結果とのギャップに気づいてもらうのです。

　最後にステップ3では、行動の改善策をアドバイスします。どうしたら改善できるかを相手に問いかけて、一緒に考えることができれば、より効果的なフィードバックになるでしょう。

> 心理学キーワード
>
> **ポジティブ・フィードバック**
> 　フィードバックは一般的に、相手の行動に対する評価や改善点を伝えて成長を促す方法のことですが、ポジティブ・フィードバックとは、行動のよい点のみを伝えることで自己効力感を高める方法のことです。

METHOD 07 | 情報収集　確認　人間関係　会話　思考　気づき
本当のやる気を引き出す方法

心が動く質問をする

 始めたからには、
最後までしっかりがんばって

はい……

 何が魅力で、これを始めようと
思ったのですか？

誰かに喜んでもらえることが魅力で、
これをやり始めたことを思い出しました

自分の気持ちこそが動機を強化する

「がんばって」と励ますより、もっと効果的に相手をやる気にさせる方法があります。それは、相手の心が動くような質問、つまり内発的動機づけにつながる質問をすることです。

例えば、「何が魅力で、これを始めようと思ったのですか?」のような質問は、一見動機づけとは結びつかないかもしれません。この質問のねらいは、その行動を起こしたときの自分を振り返ってもらうことにあります。どのような気持ちで始めた行動なのか思い起こすことで、相手の心が動くと、それが動機を強化することにつながるのです。その一方で、「始めたからには最後までしっかり」と、その行動に伴う責任やリスクなどを強調した励ましは、相手にとってプレッシャーにしかなりません。

■ 心理学キーワード
内発的動機づけ

内発的動機づけとは、その人の内面にある興味や関心、知的好奇心などによって行動を引き起こすことを意味します。その行動自体の魅力や楽しさだけでなく、やりがいを感じられたり、自分の成長を実感したりするような心の充実感や満足感も原動力になります。それに対して、報酬やよい評価を得るため、あるいはペナルティを避けるために行動を起こすことは外発的動機づけと呼ばれています。

短時間で効果が表れやすいのは外発的動機づけですが、強いモチベーションを維持できるのは内発的に動機づけられた行動です。目的に応じて、2つの動機づけを上手に活用するとよいでしょう。

METHOD 08

情報収集　確認　**人間関係**　**会話**　思考　気づき

自尊心に働きかけるアクノレッジメント

"教えてほしい"質問をする

 すごいですね

あ、ありがとうございます

 どうしたら、そんなふうになれるのですか？

そうですね、いつも〇〇することを心がけています
（質問されて、なんだか嬉しい）

褒め言葉の代わりに、質問で承認する

　褒め言葉は、人間関係を良好にする最強のコミュニケーションです。それがわかっていても、相手を褒めることに苦手意識をもっている人は案外多いようです。そこで、褒め言葉の代わりに、質問で相手を承認してみましょう。

　例えば、「どうしたら、そんなふうになれるのですか?」「上手にできるコツって何ですか?」などと、相手が達成したことや得意なことについて質問をします。問われた相手はきっと、少し誇らしい気持ちで、気分よく答えてくれるはずです。なぜなら、"教えてほしい"質問には、褒め言葉以上に、相手の自尊心に働きかける効果があるからです。

　特に、自分より年齢や立場が上の人に対しては、社交辞令のような褒め言葉を使うより、学びたいという姿勢で"教えてほしい"質問をするほうがより好印象になります。

■ 心理学キーワード

アクノレッジメント（承認）

　相手の存在や行為を肯定的に認めること、つまり承認することをアクノレッジメントと言います。承認上手になるためには、相手をよく観察すること、そして、承認する方法のレパートリーを多くもつことが重要です。相手の何を、どのように承認するのか、それに応じて、もっとも適した方法を用いることができると、相手の心に届く承認になります。

使える質問フレーズ集

内発的動機づけに つながる質問

人が本当にやる気を出すのは、内発的に動機づけられたときです。その人の好きなこと、大切にしていること、ワクワクした気持ちになれることなどを引き出す質問をしてみましょう。

- ▶ 何が魅力で、これを始めようと思ったのですか？
- ▶ それをする一番の醍醐味って何ですか？
- ▶ どのような仕事をしているときがもっとも楽しいですか？
- ▶ モチベーションが上がるのは、どのようなときですか？
- ▶ あなたが大切にしていることは、どんなことですか？
- ▶ あなたががんばれるのは、どのようなときでしょうか？
- ▶ 自分が一番イキイキしているのは、 何をしているときだと思いますか？

使える質問フレーズ集 ⑫

承認する質問

褒めることに苦手意識をもっている人こそ、質問形式で承認する方法を知っておくとよいでしょう。教えてほしいという姿勢で質問すると、問われた相手もきっと喜んで答えてくれるはずです。

▶ どうしたら、そんなふうになれるのですか？

▶ ○○さんみたいに上手にできるコツって何ですか？

▶ 何か特別なことをされているのですか？

▶ このレベルに到達するまでに、どのような努力をされてきたのですか？

▶ どうしたら、そんなに魅力的な作品がつくれるのですか？

▶ 何を心がけたら、○○さんのように誰からも信頼される人になれますか？

METHOD 09

情報収集　確認　人間関係　会話　思考　気づき

アンコンシャス・バイアスへの対策

質問して思い違いを防ぐ

そんなこと言われたら、
誰だってムカつくよね

えっ、私、別に怒っていないけど
（そんなふうに思ってたんだ）

それを言われたとき、
どんな気持ちだった？

正直なところ、ちょっと悲しかった

相手に気持ちを言語化してもらう

　相手を慰めるつもりで、「そんなこと言われたら、誰だってムカつくよね」と声をかけたのに、「えっ、私、別に怒ってないけど」と言われてしまった。このような会話のズレは、相手の感情を一般化して決めつけてしまう無意識のバイアスによって起こります。

　よかれと思って言ったことなのに、ズレが生じた途端に会話がかみ合わなくなり、その場が気まずい雰囲気になりがちです。相手は「そんなふうに思ってたんだ」と驚くと同時に、「この人は私のことをわかっていない」と思うかもしれません。

　そこで、自分の直感的な判断だけに頼らず、本人に自分の気持ちを言語化してもらう質問をしてみましょう。「それを言われたとき、どんな気持ちだった？」と問いかけて、相手の感情を正しく理解することができれば、相手の気持ちに寄り添う適切な言葉をかけることができます。

 心理学キーワード

アンコンシャス・バイアス（無意識のバイアス）

　アンコンシャス・バイアスとは、知らず知らずのうちに、その人の言動に影響を与えている思い込みや偏ったものの見方を指します。「誰だって○○する」「○○するのが当たり前」などと思ったときは、自分のなかにある無意識のバイアスに気づくチャンスと言えるでしょう。

METHOD 10

情報収集　確認　人間関係　会話　**思考**　気づき

最適解を導き出す論理的帰結

質問で意思決定を支援する

✕ A社とB社なら、絶対にA社がいいよ

そうですよね……
（A社ばかり推してくるなあ）

○ A社にした場合は、どうなると思う？ では、B社にした場合は？

A社にしたら、自分の経験を活かすことができると思います。B社なら、新しいチャレンジができそうです

必要なのは、頭のなかを整理する質問

　意思決定するときに何より大事なのは、本人の納得感です。例えば、「A社とB社なら、絶対にA社がいいよ」と相手を説得するより、相手が自らの意思で選んだと思えるようにサポートするほうが断然本人の納得につながります。

　そこで、論理的帰結の技法を活用して、相手にとっての最適解を導き出せるように問いかけてみましょう。まず「A社にした場合は、どうなると思う?」と質問して、A社を選択したらどうなるかを予想してもらいます。次に「では、B社にした場合は?」とたずねて、B社を選択したらどうなるかも考えてもらうのです。

　そもそも、AとBのどちらが正解かは誰にもわかりません。だからこそ、本人にとって納得のいく選択になるように、それぞれのメリットやデメリット（問題、リスク、不安など）を整理するために問いかけることが最良のサポートになるのです。

心理学キーワード
論理的帰結

　論理的帰結とは、ある方法を選んだらどういう結果になるかを相手に予測させる技法のことです。選択肢が複数ある場合に、それぞれの選択肢を選ぶとどのような結果が予想できるかを本人に考えてもらい、メリットとデメリットを比較して判断を促します。相談援助の現場では、意思決定支援において論理的帰結の技法が活用されています。

使える質問フレーズ集

意思決定を
サポートする質問

複数の選択肢のなかから意思決定する場合には、それぞれの選択肢のメリット・デメリット（利益・不利益）を考えてもらうための質問をしてサポートするとよいでしょう。

Aか、Bかで迷っている

ステップ1　Aにした場合を考えるための質問例
▶ もしも、Aにした場合には、どうなりますか？

▶ Aを選んだとして、どのようなことが予測されますか？

▶ Aを選んだ場合のメリット（デメリット）は？

ステップ2　Bにした場合を考えるための質問例
▶ もしも、Bにした場合には、どうなりますか？

▶ Bを選んだとして、どのようなことが予測されますか？

▶ Bを選んだ場合のメリット（デメリット）は？

ステップ3　選択を促すための質問例
▶ あなたは、どのように考えますか？

▶ もっとも優先したいのは、AとBどちらのメリットですか？

▶ 絶対に避けたいのは、AとBどちらのデメリットですか？

> 実行するか、実行しないかで迷っている

ステップ1　実行した場合を考えるための質問例
▶ もしも、実行した場合には、どうなりますか？

▶ 実行すると、どのようなことが予測されますか？

▶ 実行した場合のメリット（デメリット）は？

ステップ2　実行しない場合を考えるための質問例
▶ もしも、実行しなかった場合には、どうなりますか？

▶ 実行しないと、どのようなことが予測されますか？

▶ 実行しなかった場合のメリット（デメリット）は？

ステップ3　選択を促すための質問例
▶ あなたは、どのように考えますか？

▶ もっとも魅力的なのは、
どちらの選択肢で得られる利益ですか？

▶ 絶対に避けたいのは、
どちらの選択肢で考えられる不利益（リスク）ですか？

METHOD 11

情報収集　確認　人間関係　会話　思考　気づき

成長につながるリフレクション

振り返り質問が学びを促す

次は、同じ失敗をしないようにしてくださいね

はい……
（とにかく失敗しないように気をつけよう）

その経験から、
どのようなことを学びましたか？

自分一人で抱え込まないで、周囲に相談することが大切だと気づきました

経験からの学びを実践につなげる

「次は、同じ失敗をしないようにしてくださいね」という言葉には、その経験を学びにして、次に活かしてほしいという気持ちが込められているはずです。ですが、失敗を意味のある経験として学びに変えていける人ばかりではありません。

経験から学ぶためには、リフレクション（省察）が重要です。相手が失敗したときだけでなく、成功したときも、「その経験から、どのようなことを学びましたか?」と振り返ることを促す質問をしてみましょう。

リフレクションしても、それを次の機会に活かすことができなければ、経験から学んだことにはなりません。実践できる学びにするためには、「今後、活かせそうなことは何ですか?」とさらに質問を重ねるとよいでしょう。

> 心理学 キーワード
>
> **リフレクション（省察）**
> 　リフレクションとは、自己の内面や行動、考え方を客観的に振り返ることです。自己の内面への振り返りを強調する場合には「内省」と訳されることもありますが、それだけでなく経験への意味づけをする場合には「省察」と訳されます。また、自分のよくなかった言動を改めようとする「反省」に対して、「省察」はよかったことも、悪かったことも、客観的に自分の言動を振り返る行為と言えるでしょう。

METHOD 12 | 情報収集 確認 人間関係 会話 思考 気づき

セルフ・クエスチョンの潜在能力

自分への問いかけ方が思考を方向づける

なんで、未経験者の私に
そんなことをさせるのかな？

やったことないし、私にできるわけがないのに！

どうすれば、
未経験者の私でも
できるようになるかな？

まず、経験したことのある人から話を聴いてみよう！

質問のチカラを自分自身に活かす

　私たちは無意識のうちに、頭のなかで自問自答しながら毎日生活しています。朝起きて「朝食は何がいいかな？」「今日はどの服にしようかな？」から始まり、夜眠くなって「そろそろ寝ようかな？」「明日は何時に起きようかな？」まで、私たちは自分にたくさんの質問を投げかけて、1つひとつの行動や選択を決断しているのです。

　質問には、問われた人の気持ちを前向きにも後ろ向きにもさせるチカラがあります。自問自答するときも、どのようなセルフ・クエスチョンをするかによって、自身の思考の仕方も、それによって導き出される答えも変わってくるのです。

　例えば、「なんで、未経験者の私にそんなことをさせるのかな?」という質問は、後ろ向きな思考を誘導してしまいます。それに対して、「どうすれば、未経験者の私でもできるようになるかな？」と問いかけると前向きな思考につながるのです。

> 心理学キーワード
>
> **セルフ・クエスチョン**
>
> 　セルフ・クエスチョンとは、自分自身への質問のことです。日常的なことだけでなく、仕事に関することや身体動作に関することまで、私たちは一日中、実に多くのセルフ・クエスチョンをしています。英国のバーバラ・サハキアン教授の研究によれば、私たちは1日に最大で3万5,000回もの質問をして行動を決断していると報告されています。

Chapter 5

質問力を高める！
7つのポイント

> 最後に、質問するときに心がけたいポイントを確認します。
> どれだけ技術を駆使しても、一方的に問いかけて回答を
> 求めるだけでは質問力が高いとは言えません。
> 質問力とは一般的に、相手との関係性や状況に応じて、
> 適切に問いを投げかける能力のことを指します。
> 7つのポイントを意識して、あなたの質問力をより一層アップさせましょう。

質問は一度に1つ

矢継ぎ早に質問をかぶせない

　相手から情報を引き出そうとするとき、質問する側が焦ってしまうと、つい矢継ぎ早に問いかけてしまいがちです。相手の回答が終わる前に、「それって、◯◯ということですか?」などと質問をかぶせてしまうと、相手は何を答えてよいのかわからなくなり、混乱してしまうかもしれません。

　相手のペースに配慮せず、次々に質問を畳みかけると、会話自体が雑なものになってしまいます。質問する側にとっては効率よく会話が進んでいるように見えても、実際には相手を置き去りにしていることもあります。**質問を1つ投げかけたら、相手の回答をしっかりと受けとめることが基本**です。次の質問に進むのは、それからと心得ましょう。

1つの質問には、1つの事柄だけ

　また、「質問は一度に1つ」とは、単に質問の回数を指しているわけではありません。質問は1つでも、そのなかに2つの事柄が含まれていることがあるからです。

例えば、「職場までの移動手段として、電車やバスを利用していますか？」のような質問をダブルバーレル質問と呼びます。1つの質問で、電車の利用とバスの利用の2つを同時にたずねているため、相手が「はい」と回答した場合、電車を利用しているのか、バスを利用しているのか、それとも両方を利用しているのかが明確になりません。

一度にあれもこれもと欲張らずに、1つの質問のなかでたずねる事柄は1つだけにしましょう。「職場までの移動手段として、電車を利用していますか？」とたずねて、相手の回答を受けとめてから、「ほかに利用している移動手段はありますか？」と順を追って、1つずつ質問すると会話が丁寧なものになります。

■ 心理学キーワード

ダブルバーレル質問

　同時に2つの弾丸が発射される二連発銃をダブルバーレルと呼ぶことから、1つの質問で2つのことをたずねる質問のことをダブルバーレル質問（二連発質問）と言います。

　口頭での会話に限らず、質問紙を用いたアンケート調査などでも、ダブルバーレル質問はNGです。例えば、「食事や睡眠は適切にとれていますか？」という質問の回答欄に「はい」か「いいえ」の選択肢しかない場合、「食事は適切だけど、睡眠は不足気味」のようにどちらか一方にしか当てはまらない人は、回答することができず空欄のままにしてしまいがちです。

質問は短く、シンプルに

一度聞いて理解できる質問がベスト

　質問は短く、シンプルにするのが一番です。質問する側の意見や状況説明などはなるべく含めずに、相手に答えてもらいたいことだけを簡潔に質問するようにしましょう。**相手が一度聞いて理解できる質問が理想**です。

　例えば、あれこれ説明してから、その延長線上で「〜という状況なのですが、どう思いますか?」と質問すると、相手は何を問われているのかが理解しづらくなります。どこからが質問だったのかがわからず、「すみません。もう一度言っていただけますか?」と聞き返したくなるのです。

言葉の省きすぎは逆効果

　ただし、「質問は短く、シンプルに」といっても言葉を省略しすぎると質問の意図が伝わりません。相手が回答するために必要な情報まで省いてしまうのは本末転倒です。

例えば、唐突に「最近、どうですか?」と質問されると、「どうって何が?」と思う人は少なくありません。この質問は、単なる挨拶の代わりに使われることもあれば、仕事の忙しさや体調など、具体的に何かを知りたいときに使われる場合もあります。ただ漠然と「どうですか?」と問いかけるだけでは、相手には、その質問にどのような意図があるのかわからず困ってしまうのです。

挨拶代わりに質問するのであれば、「はい」か「いいえ」で返事ができるクローズド・クエスチョンを使うほうが相手の負担になりません。何かを知りたくて問いかけるのであれば、「しばらくお忙しそうでしたが、最近はどうですか?」と前置きのあるオープン・クエスチョンを使うと、おのずと質問の意図が相手に伝わります。シンプルに、でも、**相手が回答に困らないように質問するには、何が知りたいのかを明確にすることがポイント**です。

もっと詳しく!

▶▶▶ **質問に「否定疑問」や「二重否定」は使わない**

否定疑問や二重否定の質問は、回答する人を混乱させるので注意が必要です。例えば、「その場所に行ったことは**ありませんか**?」と否定疑問の質問をするより、「その場所に行ったことはありますか?」とたずねるほうがシンプルです。

また、「やりたく**ない**と思ったことは**ない**ですか?」という二重否定の質問は、「やりたくないときもありましたか?」と言い換えると、相手を混乱させません。

質問は具体的に

曖昧な表現の解釈は人それぞれ

　質問をするときは、なるべく具体的な表現を使うことが必要です。例えば、同じことをたずねているようでも、「それは、よくあるのですか?」という質問と、「それは、週に何回くらいあるのですか?」と数値で回答を求める質問とでは、相手から得られる情報に大きな違いが生まれるからです。

　前者の質問に対して、相手が「はい」と返事をしても、それがどのくらいの頻度なのかを知ることはできません。それに対して、後者の質問のように数値で回答を求めると、相手も「週に1〜2回くらいです」と具体的に答えることができます。

　そもそも、"よくある"という言い方からイメージする頻度は、人それぞれです。ほぼ毎日ある状態を思い浮かべる人もいれば、週に1回程度でも"よくある"と考える人もいます。質問する側は「ほぼ毎日あるのですか?」という意味で「よくあるのですか?」とたずねても、問われた相手がどのように解釈して「はい」と回答したのかはわかりません。

数字や数値を使う質問をする

"よくある"のように意味がはっきりせず、人によって解釈が異なってしまう言い方のことを曖昧な表現と呼びます。"それ""あれ"などの、こそあど言葉と呼ばれる指示代名詞も、曖昧な表現に含まれることがあります。

曖昧な表現を使って質問すると、その意図や内容が相手に正しく伝わりません。例えば、「すぐにできそうですか?」とたずねたとき、質問する側の"すぐに"と、相手が解釈した"すぐに"が一致しているとは限らないのです。**このようなズレへの対策として、普段から数字や数値を使った質問を心がけましょう。**

例えば、「1時間以内にできそうですか?」「15時までにできそうですか?」と具体的な時間を示した質問や、「何時間あればできそうですか?」と必要な時間を答えてもらう質問をすると、正確な情報の共有が可能になります。

○ 日常よく使われている曖昧な表現

量の表現	少し、たくさん、多め、ちょっと、多少
サイズの表現	大きめ、小さめ、長め、短め、高め、低め
時間の表現	早く、しばらく、すぐに、あとで、ときどき
程度の表現	まあまあ、そこそこ、かなり、けっこう
指示代名詞	これ、あれ、それ

答えたくなる一言をプラス

回答する人への配慮を怠らない

　私たちは、質問されると答えようとする傾向があります。面談や会議などの場面に限らず、ちょっとした雑談のなかでも、誰かから質問されると何かしらの返答をしようとします。そのため、質問する側は、相手に答えてもらうための配慮や工夫を怠ってしまいがちです。

　通常は、何か特別なことをしなくても、質問を投げかければ相手から答えが返ってくることが多いでしょう。それは、どのような問いかけであっても、相手の心のなかで、「質問には必ず答えなくてはいけない」という心理が働くからです。相手にとって回答することが少し面倒な質問にさえ、ストレスを感じながらも答えているのかもしれません。

質問の前に、相手の存在を承認する

　そこで、質問するときは、相手が積極的に答えたくなる言葉をプラスしてみましょう。回答する側の気持ちになって一言加えるだけで、相手の反応は大きく変わります。

例えば、面接や面談を開始するときは、相手の存在を肯定的に承認する言葉が欠かせません。具体的には、「今日は、どうぞよろしくお願いします」という**心を込めた挨拶**や、「お時間をいただき、ありがとうございます」という**感謝の言葉**などです。このような一言が、相手を尊重し、好意的にかかわろうとする姿勢を伝えます。その結果、互恵性の効果がもたらされ、相手にも誠実に回答しようという気持ちが生まれるのです。

逆に、本題に入ることを急ぐあまり、挨拶がおざなりになると、相手の存在を軽んじているような印象を与えがちです。面接や面談の開始時に、相手をモヤモヤした嫌な気持ちにさせてしまうと、そのあとの質問に快く回答してもらえなくなるかもしれません。

心理的安全性を高める一言

会話中も、相手が心理的安全性を感じられるように、相手への配慮を示す言葉を意識的に使いましょう。心理的安全性とは、自分の考えや気持ちを、安心して発言できる状態のことです。

質問する前に一言、「目標を達成するために努力されているのですね」という**褒め言葉**や、「毎日続けるのは大変ですよね」などの**ねぎらいの言葉**をかけると、相手は心を開いて、安心して回答することができます。

予備知識でレベルアップ

知らないことは教えてもらう

　初対面の相手とは、何を話したらよいのかわからず、手探り状態で会話をスタートさせることが多いものです。そのようなときにこそ、質問を上手に活用すれば、お互いの緊張をほぐして、相手を自然な会話に導くことができます。

　相手がどのような人物で、何に興味・関心があるのかがわからないと、話題が見つからず、会話を弾ませるのは難しいと思いがちです。しかし、逆に知らないことが多いほど、相手に質問するチャンスは増えます。**相手に関する知識が十分でなくても、必要な情報は相手から直接教えてもらえばよい**のです。

予備知識で質問を準備する

　ただし、面接や面談で、相手の思考を深めたり気づきを促したりするときには、相手に関する予備知識が必要です。質問する相手や相手の置かれた状況のほかにも、話し合う話題などに関する知識があると、一歩踏み込んだ質問をすることが可能になります。

日常の会話では、自分が知らないことは質問をして、相手から教えてもらうことも1つのコミュニケーションになりますが、面接や面談の場面でも同じことをすると、"準備不足"あるいは"勉強不足"な印象を相手に与えてしまうことがあります。

　また、予備知識があるかないかで、質問の質も変わります。知識がないゆえに的の外れた質問が続いてしまうと、相手は不安や不信感を覚えるでしょう。**面接や面談での質問力をレベルアップさせるためには、核心に迫る的確な質問ができるように十分な予備知識をもつことが必要**です。

心理学キーワード

先入観と確証バイアス

　先入観とは、それまでの経験値や予備知識によって、前もってつくられた固定的な観念のことです。例えば、相手と会う前に得た情報から、すでに形成されたその人に対する印象も先入観と言えるでしょう。「先入観をもたないように」などとよく言われますが、先入観は必ずしも悪いものとは限りません。先入観をもつからこそ、心の準備ができて適切な判断や対応が可能になることもあるからです。

　ただし、認知バイアスの1つである確証バイアスが働くと、無意識のうちに、先入観に合致する情報ばかりを集めようとします。先入観と合致しない情報は軽視したり、排除したりすることがあるため注意が必要です。

相手の考える時間を保証する

回答するための時間も必要

　質問を投げかけたあと、相手が「う〜ん、そうですね」と言ったきり、黙ってしまうことがあります。そのような状況に直面すると、「どうしたのだろう」と不安になる人もいれば、すぐに答えが返ってこないことにイライラしてしまう人もいるかもしれません。

　質問したら、相手が回答するための時間を保証しましょう。特に、**オープン・クエスチョンを使う場合、相手から答えが返ってくるまでに少し時間がかかることを、あらかじめ考慮しておく**必要があります。

　例えば、「あなたは、どうしたいですか?」と問われてから回答するまでの間に、相手の頭のなかでは多くのことが行われています。まず、自分がどうしたいのかを振り返りながら、考えや気持ちを整理します。そして、何をどのように回答するのかを組み立てて、適切な言葉や表現を探します。オープン・クエスチョンに回答するためには、多かれ少なかれこのようなプロセスに時間を要することになるのです。

相手の言葉を穏やかに待つ

　会話における沈黙は、考えを深める時間と自由に表現する機会を相手に提供します。質問を投げかけたあと、すぐに答えが返ってこなくても、慌てずに相手の言葉を待ちましょう。間を置かずに回答を催促すると、相手を焦らせてしまい、本当の考えや気持ちとは違う言葉を引き出してしまうかもしれません。

　面接や面談の場面では、相手がすぐに回答できる質問は手際よく進めて、しっかり考えてもらいたい質問には十分な時間を確保するようにしましょう。

もっと詳しく！

▶▶▶ 長すぎる沈黙への対応

　そうはいっても、質問したあと相手がずっと黙ったままでは、その場の雰囲気を重たくしてしまうだけでなく、会話を前に進めることもできません。長すぎる沈黙には、タイミングよく働きかけることが必要になります。

　まず試してほしいのは、投げかけた質問を言い換えてみることです。質問の仕方や表現を変えてみると、相手が答えやすくなることもあります。

　それでも相手が返答に困っているようであれば、「今、どんなことを考えていますか?」と問いかけてみましょう。相手から何かしらの言葉が出てきたら、その言葉を手がかりに会話を展開するとよいでしょう。

訊いたら、聴く

聞く・聴く・訊く

話のきき方には、「聞く」「聴く」「訊く」の3つがあります。1つ目の「聞く」とは英語のhearに当たり、ただ自然に音や声が耳に入ってくる状態を意味します。それに対して、2つ目の「聴く」はlistenに該当し、注意深く耳を傾けるきき方を指します。

どちらかと言えば、「聞く」は受け身的に音を捉えるイメージなのに対して、「聴く」は全神経を音や声に集中させるようなきき方と言えるでしょう。

そして3つ目の「訊く」とは、inquireあるいはaskに当てはまり、自分の知りたい情報を相手から引き出そうとするきき方のことです。

つまり、「訊いたら、聴く」とは、**質問を投げかけたら、相手の回答をしっかり受けとめる**、ということを意味しています。どんなに質問の技術を駆使しても、その回答を受け身的に「聞く」だけでは、相手から多くの情報を得ることはできません。

投げかけた質問に責任をもつ

「訊いたら、聴く」を実践するためには、自分が投げかけた質問が、どのような回答を引き出したのかに関心をもちましょう。回答の内容はもちろんのこと、その質問が意図した通りの働きをしたのかにも意識を向けると、おのずと相手の言葉に注意深く耳を傾けるようになります。「訊いたら、聴く」は、自分が投げかけた質問に責任をもつ態度とも言えるでしょう。

聴くことに集中すると、相手や相手の回答に関して、気になることや知りたいことが次々に出てきます。それが、**会話を深めるための質問となり、上手に「訊く」ことにつながる**のです。

同時に、集中して聴くからこそ、相手から得られる情報も増えます。問いかけたときの反応や回答するまでの間、答えているときの表情や声の感じなど、言葉以外の手段が伝えている情報もしっかりと受けとめることが大切です。

次の項目の「聴き方チェックリスト」で、あなたが普段どのような聴き方をしているのかを振り返ってみましょう。

聴き方チェックリスト

あなたの聴き方をチェックしてみましょう。いつもの自分を振り返って、当てはまる項目に ✓ をつけてください。

- [ ] 1　時間がもったいないので、挨拶のあとはすぐ本題に入る。

- [ ] 2　聞きたいことや言いたいことがあると、話に割り込む。

- [ ] 3　すぐに「私だったら、」と意見したり、「実は私もね、」と自分の体験談を持ち出したりする。

- [ ] 4　「あっそ」「ふーん」というあいづちが癖になっている。

- [ ] 5　何かをしながらの"ながら聞き"をよくしている。

- [ ] 6　同意できないときに、自分の感情が表情に表れやすい。

- [ ] 7　「だから?」「結論は?」と相手の話を急かしてしまう。

- [ ] 8　会話中の沈黙が苦手。気まずい雰囲気になりそうで怖い。

いかがでしたか？

このチェックリストは、あなたの聴き方の癖を知るためのものです。自分では上手に話を聴いているつもりでも、このような聴き方が癖になっていると、話し手は不安や不満を感じてしまうかもしれません。

✓ がついた項目があれば、次ページの対策を参考にしてみましょう。もっと上手に聴くためのヒントが見えてくるはずです。

■ 心理学キーワード

ブロッキング

　話を聴こうとしても、それを邪魔するものが聴き手の心や頭のなかに生じる現象をブロッキングと呼びます。

　例えば、相手の話を聴きながら、「自分にも同じことがあったな」と自身の経験を思い出したり、「そういうときは○○すればいいのに」と頭のなかで考えたりするのがブロッキングです。このような考えや思いがよぎった瞬間に、聴くことへの集中が途切れてしまうのです。

　それどころか、「私の経験も話したい」「今すぐ、アドバイスしてあげたい」などの気持ちから、相手の話に口を挟んでしまうことにもなりかねません。

　ブロッキングはふとした拍子に生じてしまうため、聴くことに集中していない自分に気づいたら、目の前にいる相手に意識を戻すことが必要です。

聴き方チェックリスト 対策

1 に ✓ → 相手を緊張させてしまう聴き方

　本題に入る前に、緊張をほぐすための質問をしてみましょう。挨拶に一言、質問をプラスするだけで会話の流れがよくなり、そのあとのコミュニケーションによい影響をもたらします。

2 に ✓ →相手の話の腰を折る聴き方

　相手が話をしているときは、できる限り、言葉を遮らずに最後まで聴きましょう。あなたから質問をしたり、意見を伝えたりするのは、相手の話を聴いてからでも遅くありません。

3 に ✓ → 相手の話をとってしまう聴き方

　相手の役に立ちたい、という気持ちが強い人ほどこのような聴き方になりがちです。どれほど貴重な意見や体験談であっても、それを相手が今、本当に必要としているのかをよく考えて判断することが大事です。

4 に ✓ →相手を不安にさせてしまう聴き方

　うなずきを基本にして、「うん、うん」「なるほど」などのあいづちを打ちながら話を聴きましょう。ときどき「それから、どうしたのですか?」と質問をすると、相手の話に関心をもっていることが効果的に伝わります。

5 に ✓ → 相手の**話す意欲を低下させてしまう**聴き方

"ながら聞き"はしないに越したことはありません。ですが、メモしながら聴くときのように、何か作業をしながら同時に聴こうとするときは、うなずきやアイコンタクトなどで意識的に「聴いていますよ」というサインを送りましょう。

6 に ✓ → 相手に**壁をつくってしまう**聴き方

言葉で何も言わなくても、無意識のうちに、あなたの表情から否定的な感情が相手に伝わることがあるかもしれません。顔の表情は、ときに言葉よりも強いメッセージを伝えてしまうことを心得ておきましょう。

7 に ✓ → **聴き手主導**の聴き方

あなたのペースで、あなたが知りたいことだけを聴こうとすると、聴き手主導の聴き方になりがちです。「だから?」「結論は?」と催促する前に、相手の答えをしっかりと受けとめると、会話が丁寧なものになります。

8 に ✓ → **待てない**聴き方

会話中の沈黙は、相手が考えたり、言葉を選んだりするために必要な時間と考えましょう。会話の間をなんとか埋めようとして、無理に話題を振ったり、自分があれこれ話をしたりするより、沈黙も会話の一部として受けとめることが大切です。

おわりに Epilogue

　『対人援助の現場で使える 質問する技術 便利帖』（翔泳社）という書籍を上梓したのは2019年7月でした。その当時、質問の技術そのものを紹介した本があまりなかったこともあり、予想以上に多くの方々から嬉しい反響をいただきました。医療や福祉の現場で役立てていただくことを想定した書籍でしたが、思いのほか、さまざまな分野の方々にもご活用いただいていることを知り、それが本書を執筆するきっかけとなりました。

　本書では、「質問の表現をちょっと変えるだけで、相手の反応は大きく変わる」ということを×〇形式で紹介しています。どうして×になるのか、どのように言い換えたら〇になるのかを、見比べて確認したら、あとは実践あるのみです。"質問の技術"の効果を、仕事やプライベートでの会話のなかで実感していただけたら、これほど嬉しいことはありません。

　気負わずに読むことができて、しかも記憶に残るような本をつくりたい、という私の思いを、洗練されたデザインで支えてくださった装幀新井の新井大輔さんと八木麻祐子さん、そして、魅力的なイラストで彩りを添えてくださったヤギワタルさんに心より感謝申し上げます。

　最後になりましたが、ご自身の実体験を踏まえて、的確なアドバイスをくださった翔泳社の小澤利江子さん、終始惜しみないサポートを本当にありがとうございました。

2024年9月　大谷佳子

会員特典データのご案内

　本書には、13の「使える質問フレーズ集」のpdfが付いています。ダウンロードして、使ってみたい質問にアンダーラインを引いたり、自分らしい表現にアレンジしたりして、もっと使い勝手がよくなるようバージョンアップしていきましょう。毎日のコミュニケーションはもちろん、面接・面談の前に、どのような質問をしようか準備するときにご活用ください。

　会員特典データは、以下のサイトからダウンロードして入手いただけます。

https://www.shoeisha.co.jp/book/present/9784798185460

● 注意
※会員特典データのダウンロードには、SHOEISHA iD（翔泳社が運営する無料の会員制度）への会員登録が必要です。詳しくは、Webサイトをご覧ください。
※会員特典データに関する権利は著者および株式会社翔泳社が所有しています。許可なく配布したり、Webサイトに転載したりすることはできません。
※会員特典データの提供は予告なく終了することがあります。あらかじめご了承ください。
※図書館利用者の方もダウンロード可能です。

● 免責事項
※会員特典データの提供にあたっては正確な記述につとめましたが、著者や出版社などのいずれも、その内容に対してなんらかの保証をするものではなく、内容やサンプルに基づくいかなる運用結果に関してもいっさいの責任を負いません。

著者紹介

大谷 佳子（おぉや・よしこ）

Eastern Illinois University, Honors Program 心理学科卒業、Columbia University, Teachers College 教育心理学修士課程修了。昭和大学保健医療学部講師などを経て、現在、NHK学園社会福祉士養成課程講師。医療、福祉、教育の現場の援助職を対象に、コミュニケーション研修やコーチング研修などを担当。

主な著書に、『対人援助の現場で使える 質問する技術 便利帖』『対人援助の現場で使える 傾聴する・受けとめる技術 便利帖』（翔泳社）、『マンガとイラストでユル〜く学ぶ介護 利用者・家族の心をひらく「聴き方」「声かけ」のコツ』（中央法規出版）など。

ブックデザイン	新井 大輔　八木 麻祐子（装幀新井）
装画・本文イラスト	ヤギ ワタル
DTP	BUCH+

心理学に基づく質問の技術

2024年10月21日 初版第1刷発行
2025年 1月10日 初版第2刷発行

著　者	大谷 佳子
発行人	佐々木 幹夫
発行所	株式会社 翔泳社（https://www.shoeisha.co.jp）
印刷・製本	日経印刷 株式会社

© 2024 Yoshiko Oya

本書は著作権法上の保護を受けています。本書の一部または全部について（ソフトウェアおよびプログラムを含む）、株式会社 翔泳社から文書による許諾を得ずに、いかなる方法においても無断で複写、複製することは禁じられています。

本書へのお問い合わせについては、2ページに記載の内容をお読みください。

造本には細心の注意を払っておりますが、万一、乱丁（ページの順序違い）や落丁（ページの抜け）がございましたら、お取り替えいたします。03-5362-3705までご連絡ください。

ISBN 978-4-7981-8546-0
Printed in Japan